富爸爸，有錢有理

掌握現金流象限，才能通往財富自由

【25 週年紀念版】

Rich Dad's Cashflow Quadrant

羅勃特 · T · 清崎（Robert T. Kiyosaki） 著
龍秀 譯
MTS 翻譯團隊 審訂

高寶書版集團

富爸爸曾說：沒有財務自由，你就無法獲得真正的自由。

他還說：自由是有代價的。本書謹獻給那些願意付出這個代價的人。

修訂版編輯筆記／

時代在改變

自一九九七年《富爸爸，窮爸爸》一書出版後，我們的經濟和投資環境有了非常多的變化。二十幾年過去了，羅勃特．T．清崎提出打破常規的大膽見解「你的房子並非資產」通過了考驗。他對於金錢和投資的逆向思考曾經被挑剔、懷疑並引發憤怒。

二〇〇二年清崎在《富爸爸，經濟大預言》一書中預告讀者，要為即將來到的金融市場衰退做準備；二〇〇六年清崎和唐納．川普因為擔憂美國中產階級的消失，合寫了《川普清崎讓你賺大錢》。

清崎持續積極提倡金錢教育的力量和重要性。時至今日，經歷了次貸風暴、大量法拍屋和世界經濟持續崩盤，他曾說過的話不僅僅像預言，更充滿了啟發性，許多曾經懷疑他的人也對他深信不疑。

著手修訂新版《富爸爸，有錢有理》之際，清崎理解了兩件事情：

1. 他的訊息和教條通過了時間的驗證。
2. 投資人面對的投資環境已經有了戲劇性的變化。

這些代表投資者的I象限變化將持續受影響，並促使清崎決定更新對本書影響至關重大的第五章：投資者的五個等級。

修訂版編輯筆記／時代在改變 004
前言／你的人生目標是什麼？ 008
序言／你位於哪個象限？ 026

第一部 定位你在金錢遊戲中的角色

第一章 找一份工作的意義 036
第二章 不同象限，不同的人 051
第三章 人們為什麼選擇安全，而不選擇自由 090
第四章 商業系統的三種類型 118
第五章 投資者的五個等級 134
第六章 錢不能用眼睛看 164

第二部 象限右側的人

第七章 成為你想成為的自己 200

目錄
contents

第八章　跟「大富翁」學致富　220
第九章　當銀行，而不是銀行家　250

第三部　如何成為成功的B和I

第十章　初級步驟：一步一腳印　288
第十一章　第一步：是時候考慮你自己的事了　306
第十二章　第二步：控制你的現金流　311
第十三章　第三步：了解風險和有風險之間的區別　319
第十四章　第四步：決定你想成為哪種類型的投資者　324
第十五章　第五步：尋找導師　335
第十六章　第六步：將失望轉化成力量　346
第十七章　第七步：信心的力量　352

結論／你的工作是讓自己變得更富有　360

前言／

你的人生目標是什麼？

「你長大之後想做什麼？」幾乎所有人都曾被問過這個問題。

我小時候擁有很多興趣，所以這個問題不難回答，只要聽起來有趣又吸引人，我就想做。我想當海洋生物學家、太空人、海軍陸戰隊、航海員、飛行員，以及職業美式足球選手。

我夠幸運，得以達成其中三項目標：海軍陸戰隊軍官、船員以及飛行員。

我從來沒想過要成為老師、作家或者是會計師。我不想當老師，因為我不喜歡學校。我不想當作家，因為我的英文被當了兩次。我沒有念完管理碩士學程，是因為我忍受不了會計課程。

諷刺的是，長大成人後，我卻走上了從來沒想過的道路。雖然我不喜歡學校，現在卻擁有一間教育公司。雖然我因為不會寫作，英文被當了兩次，但我最廣為人知的身分卻是作家。我的著作《富爸爸，窮爸爸》已經連續七年登上紐約時報暢銷排行榜，同時也是美國最暢銷的三本書之一，排在前面的兩本書分別是《性愛聖經》與《心靈地圖》。更諷刺的是，《富爸爸，窮爸爸》與桌遊「富爸爸現金流」的主題，都是和會計有關。

所以，這些跟「你長大後想做什麼」這個問題有什麼關係？

答案其實能在越南禪師釋一行簡單卻深刻的名言中找到：「道路本身即是目的地。（The path is the goal.）」換句話說，在生活中找到前進的道路，就等於找到了人生目標。你的生活道路不等於你的專業、賺了多少錢、頭銜，或是你的成功與失敗。

找到你的人生道路，是指找出你來到人世能做些什麼。人生的目的是什麼？為什麼你能夠獲得此生？而你又能回饋些什麼？

回首過往，我知道求學並不是為了找出自己的生活道路。我讀了四年軍校，受訓成為航海員，然而，若當初成為標準石油公司的船員，我就永遠找不到自己的生活道路了。

如果當初繼續當航海員或是飛行員，我就永遠無法成為暢銷作家、成為歐普拉脫口秀的來賓、與川普共同寫書，或是成立一間國際教育公司，在全世界教授創業與投資。

找到你的道路

《富爸爸，有錢有理》十分重要，因為本書的內容是關於如何找到你的人生道路。如你所知，幾乎所有人都從小就按部就班地朝「好好念書、找份好工作」的方向努力，上學就是為了找到一份E或S象限中的工作。這跟找到你的生活道路一點關係也沒有。

我知道有些人在很小的時候就確定自己未來想要做什麼，在成長的過程中，就已經確定自己要當醫生、律師、音樂家、高爾夫球選手或是演員，我們也都聽說過神童或天賦異稟的小孩。不過，這些都只是專業，並不一定是生活道路。

那該如何才能找到自己的生活道路？

我的回答是：我希望我知道答案。如果我揮揮魔杖就能變出你的生活道路，那麼我絕對會這麼做。

既然我沒有魔杖、也沒辦法告訴你該怎麼做才對，我只能告訴你我是怎麼做的，而且我相信自己的直覺和心。舉例來說，當我在一九七三年退役之後，我的窮爸爸建議我回學校取得更高的學位，然後成為公務員。當時我的腦袋一片空白，同時心一沉，而直覺告訴我：「不可能。」

當我父親建議我回標準石油公司工作，或者成為民航機師，我的大腦、心和直覺都說不。我知道我不想繼續航海或飛行了，雖然這兩項都是非常好的專業，薪水也不錯。

在一九七三年，我才二十六歲，剛長大成人。過去我聽從父母的建議去上學，取得了大學學位以及兩項專業：航行執照與飛行執照。然而問題是，這兩樣只是專業能力與兒時夢想。

在二十六歲那個年紀，我已經大到足以了解教育不過是個流程。舉例來說，當我想要成為航海員，我就去上航海學校。當我想要學習如何開飛機，我就去上海軍飛行學校為期兩年的學程。所以我對下一項教育流程十分謹慎，想在開始進行前先確定自己想要成為什麼。

對我來說，在傳統學校的經驗很不錯，我獲得了小時候想要的專業能力。長大成人後反而覺得茫然，因為前方不會有寫著「就是這條路」的指示牌。我知道自己不想做什麼，但是也不知道自己想做什麼。

如果我想要的只是獲得新的專業能力，那就簡單多了。如果我想成為醫生，只要去上醫學院就好。如果我想成為律師，只要去上法學院校就好。然而我知道，人生不僅只是去讀下一間學校、獲得新的專業認證而已。

雖然當時沒有自覺，不過我在二十六歲時，就開始尋找生活道路，而不是下一項專業能力。

不同的教育

在一九七三年，那是我身為海軍陸戰隊飛行員服役的最後一年，我被派駐在接近家鄉的夏威夷，當時我知道自己想跟隨富爸爸的腳步。退役之前，我報名房地產交易以及商業課程，在週末進修，準備成為B與I象限中的企業家。

於此同時，經由朋友的推薦，我報名了個人發展的課程，希望能發現真正的自我。個人發展課程不屬於傳統教育的一環，因為我去上這門課程，並不是為了獲得學分或成績。我報名的時候，不知道自己能學到些什麼，知道的只有現在是時候學習發現真正的自我了。

在第一週的課程，講師在掛圖上畫了以下簡易

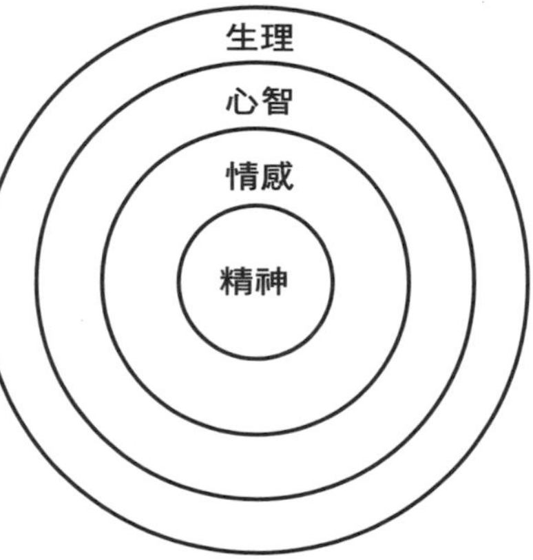

圖表。

畫完後，講師轉過身來對我們說：「要發展完整的一個人，我們的教育必須囊括心智、生理、情感，以及精神。」

聽完講師的說明後，我了解傳統學校著重在發展學生的心智層面，這就是為什麼很多學生在學校內表現得很好，在現實世界中則不然，尤其是在金錢的世界。

在那個週末，隨著課程的進展，我發現自己為什麼不喜歡學校。我了解到自己雖然喜歡學習，卻痛恨學校。

傳統教育對於「A咖」學生而言，是非常好的環境，但那種環境卻不屬於我。傳統教育摧毀了我的精神，以害怕的情緒來激勵我學習——害怕犯錯、害怕失敗（被當）、害怕找不到工作，按部就班的訓練我成為E及S象限中的員工。

這或許是為什麼有這麼多企業家都是肄業出身，例如通用電氣的創辦人湯瑪斯・愛迪生、福特汽車的創辦人亨利・福特、蘋果的創辦人史帝夫・賈伯斯、微軟的創辦人比爾・蓋茲、迪士尼的創辦人華特・迪士尼，以及臉書的創辦人馬克・祖克柏。

當課程繼續進行，講師深入探討這四種類型的個人發展，我發現自己的人生幾乎都花費在非常艱困的教育環境當中。在全男性的軍事學校待了四年，接著又擔任了五年的海軍陸戰隊飛行員，我的心智與生理狀態都非常強健。身為海軍陸戰隊的飛行員，我的情感與精神也十分強健，但是都集中在男子氣概的發展上。我沒有柔軟的一面，沒有女性能量。畢竟我是受訓成為海軍陸戰隊的軍官，情感上必須在壓力下維持冷靜，隨時準備好取人性命，而精神上則必須做好為國家犧牲的準備。

如果你曾看過湯姆．克魯斯主演的電影《捍衛戰士》，你就能一窺注重男子氣概又喜愛虛張聲勢的軍事飛行員世界。我熱愛那個世界，也適應良好。那是現代騎士與戰士架構出的世界，不歡迎窩囊廢。

在課程中，我深入了解自己的情感，並短暫碰觸到自己的精神。我的眼淚決堤，因為我有太多值得哭泣的事物。我做過也見過太多任何時候都不應該要求任何人去做、去目睹的事情。在那堂課上，我擁抱了一位男性，這是我從來沒做過的事，就連跟自己的父親也沒有。

在那個星期六晚上，我依依不捨地結束了這堂進修課程，課程的環境十分溫和、情感充沛，又開誠布公。週一早晨，當我再度被一群年輕自負、專注在飛行、殺戮以及為國捐軀的飛行員環繞時，感到相當錯愕。

在那週課程之後，我知道自己是時候做出改變了。我知道，發展自我情感與精神，讓自己成為更親切、更溫柔、更具有同情心的人會是最困難的事，將與所有這些年在軍校與飛行學校所學習到的事物相互衝突。

我再也沒有回到傳統教育，我完全不想再為分數、學位、升遷或認證而學習。從那以後，如果我去上某項課程或是念某間學校，都是為了成為一個更好的人而學習，跳脫了追逐分數、學位或認證的制約。

生長在教師世家，你的成績、你畢業的高中與大學，以及你的高等學位，這些代表了你的一切。如同海軍陸戰隊飛行員胸膛上的徽章及綬帶，高等學位與名校抬頭就是教育家戴在袖口的地位象徵。在這些人的心目中，沒有高中學歷的人都是未受洗的迷失靈魂。擁有碩士學位的人俯視只有學士學位的人，而擁有博士學位的則受人敬重。我在二十六歲時，就知道自己絕對不會回到那種世界。

尋找我的道路

我知道現在應該有些人會想問：「為什麼要花這麼多篇幅，談論非傳統教育課程？」原因是，我首次的個人發展課程重新點燃了我對學習的熱情，但並非學校教導的那種學習模式。在那場研討會結束之後，我變成了研討會的愛好者，參加了大大小小相關的研討會課程，發現了更多在我的身體、心靈、情感與精神之間的連結。

我學得越多，對於過去所接受的傳統教育就越是好奇。我開始出現以下疑問：

‧為什麼有這麼多的學生痛恨學校？
‧為什麼只有極少數小孩喜歡學校？
‧為什麼有許多高等教育畢業的人，在現實世界中卻無法成功？
‧學校是否讓你做好面對現實世界的準備？
‧為什麼我痛恨學校卻熱愛學習？
‧為什麼大多數的學校老師都不富有？
‧為什麼學校幾乎不教我們關於理財方面的知識？

這些問題引領我成為在學校體系的神聖高牆之外研讀教育的學生，我學得越多，就越了解為何自己不喜歡學校，以及為何學校無法照顧到大部分的學生，甚至連那些A咖學生都包含在內。

我的好奇心碰觸到我的精神，於是我成為了教育事業的企業家。若不是這股求知慾，我或許永遠不可能成為一位作家以及理財教育遊戲的開發者。是精神上的教育引領我走上這條生活道路。

看起來，尋找自己的生活道路不能依靠心智，而是必須出自本心。

這並不表示沒有人能從傳統教育之中尋找到自己的道路，我相信有不少人都是藉此找到了道路。我只是懷疑我沒有辦法在傳統學校找到自己的道路。

為什麼道路如此重要？

我們知道有些人雖然收入不錯，卻痛恨自己的工作。我們也知道有些人收入不高，卻同樣痛恨自己的工作。我們也知道有些人是為了錢而工作。

我有一位來自商船海洋學院的同學，他同樣意識到自己並不想把人生全部投注在海上。他沒有從事航海事業，畢業後反而去上法律學校，花了三年時間成為S象限中的私人執業律師。

他在五十幾歲時過世，當時他已經是一位非常成功的律師，但是他並不快樂。就像我一樣，他在二十六歲時也取得了兩項專業能力，雖然他痛恨律師工作，但是依舊繼續從事律師行業，因為他還背負著家庭、孩子、貸款，以及必須支付的帳單。

在他過世前一年，我在某次於紐約舉辦的同學會上遇見了他。他看起來十分愁苦。「我的工作就是在像你這樣的有錢人身後討口飯吃，他們根本沒有付我多少錢。我痛恨我的工作和客戶。」

「那你為什麼不換個跑道？」

「我無法不工作，我最大的小孩才剛上大學。」

然而在他女兒畢業之前，他就死於心臟病了。

他透過職業培訓賺進大筆財富，但是在情感層面，他一直很憤怒，在精神層面又如同行屍走肉，以至於不久之後，他的身體也步上了後塵。

我知道這個例子十分極端，大多數人痛恨自己工作的程度並不像我朋友那麼嚴重。

但是這個例子展現了當人被專業能力困住而無法找到自己的道路時，會出現怎樣的問題。

對我來說，這就是傳統教育的缺點。數百萬人從學校畢業，卻只能被他們不喜歡的工作困住。這些人知道自己的生活中缺乏了什麼，很多人甚至被財務問題困住，賺的錢只夠溫飽，想提高收入，卻找不到方法。

許多人沒有具備對其他象限的認知，只能回到學校尋求新的專業能力，或是尋求E或S象限內的加薪，他們不知道在此之外，還有B和I象限的世界。

我成為教師的原因

我會成為B象限中的教師，最主要的原因是想提供理財教育。不論有錢沒錢、不論學校成績好壞，我想讓任何想學習理財的人都有機會接受這種教育。這就是富爸爸公司以開發「現金流」這款遊戲作為第一步的原因。這款遊戲能在我到達不了的地方進行教學，不僅如此，這款遊戲的設計能讓人互相學習，完全不需要昂貴的師資或是教室。「現金流」已經有十六種不同語言的版本，數百萬名使用者遍布全世界。

時至今日，富爸爸公司不但提供理財教育課程，還提供專人訓練及指導的服務，以協助個人的理財教育。我們的課程設計特別適合那些想往E及S象限之外發展，向B及I象限移動的對象。

這沒辦法保證所有人都能成功抵達B及I象限，但能讓人了解進入該象限的方式。

改變並不容易

對我來說，改變自己的象限並不容易。不單只是心智層面，對情感層面更是艱困的工作。我是在高學歷、全是E象限員工的家庭中長大，承繼了他們對教育、工作穩定、利益以及政府退休金的價值觀。在許多方面，家人的價值觀都讓我的轉移變得相當困難。我必須無視他們對於我想成為企業家及投資者這件事的警告、憂慮及批判。

以下是其中一些我必須大打折扣的意見：

「但是你必須有一份工作。」、「這風險太大了。」、「如果你失敗了該怎麼辦？」、「你還是回學校讀碩士就好。」、「去當醫生，醫生賺得比較多。」、「有錢人都很貪婪。」、「錢對你就這麼重要？」、「你沒辦法用錢買到幸福快樂。」、「還是量入為出比較好。」、「腳踏實地一點，別去追求夢想。」

節食與運動

我一直提到情感與精神的發展，是因為這是人生重大改變的要素。舉例來說，光是對過重的人說「少吃點，多運動」通常不會有什麼效果。在心智層面，節食與運動很有道理，但大部分過重的人吃不停並不是因為飢餓，那些人暴飲暴食是為了填補情感與精神上的巨大空洞。當某人在進行節食搭配運動的計畫時，他們只是在心智及生理層面下功夫而已。如果沒有情感層面的發展，以及精神層面的力量，那些過重的人可能只能堅持節食六個月、瘦個幾公斤，接著馬上就會復胖回來。

而改變象限也是同樣的道理，只告訴自己「我要成為B象限中的企業家」就跟吸菸者說「我明天就會開始戒菸」一樣徒勞。菸癮是情感及精神層面的挑戰所造成的生理成癮，如果沒有情感及精神層面的協助，吸菸者永遠戒不了菸。酗酒、性成癮與購物狂都是同樣的道理，多數成癮的原因都是為了在靈魂中尋求快樂。

這就是為什麼我們公司除了心智與生理層面的課程之外，也提供專人訓練及指導的服務，以協助顧客適應情感及精神層面的過渡時期。

有極少數人適合單打獨鬥，但我不屬於那種人。若非有像我富爸爸那樣的訓練者，以及我太太金所提供的支持，我不會成功。我曾經有不少次想要放棄，如果不是金和我的富爸爸，我一定早就放棄了。

為何「A咖」學生會失敗

再看一次下面的圖表，就能很容易發現為什麼有那麼多「A咖」學生在金錢的世界中失敗。

一個人可能在心智層面受過高等教育，但是如果情感層面沒有受過教育，通常恐懼就會阻止身體去做該

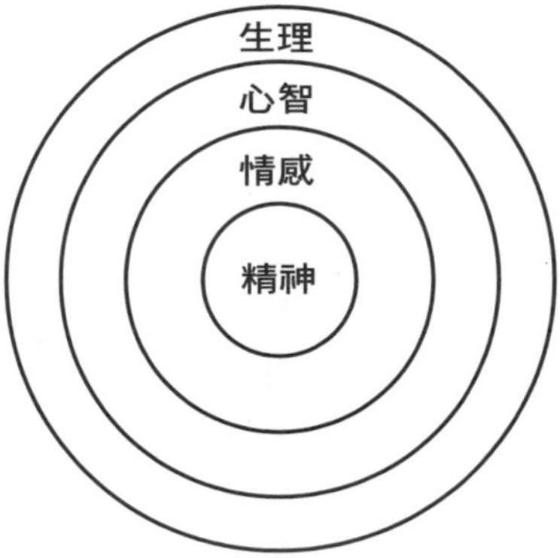

做的事。這就是為什麼有這麼多A咖學生被「分析癱瘓症」困住，他們鉅細靡遺，研究每一個小細節，但最後一事無成。

此類分析癱瘓症是我們懲罰犯錯學生的教育體系所造成的。如果仔細想想就會發現，A咖學生之所以是A咖學生，只不過是因為他們犯了最少的錯誤。這種心病的問題在於，在現實世界中，做出越多行動的人越常犯錯，並得以從錯誤中學習，進而獲得最終的成功。

就以柯林頓總統及布希總統為例，柯林頓無法承認自己的婚外情，而小布希則無法想起自己在任職總統期間犯過任何錯誤。犯錯是人之常情，但是為了犯下的錯誤而撒謊，則是犯罪，等同於做偽證。

愛迪生失敗了一千零一十四次，才成功製造出電燈泡，在為此受到批評時，他說：「我並沒有失敗一千零一十四次，我已經成功發現一千零一十四種不適合製作電燈絲的材料。」

換言之，這麼多人無法成功的原因，其實是因為他們失敗得不夠多。

再看一次下面這個圖表。這麼多人在意工作穩定的其

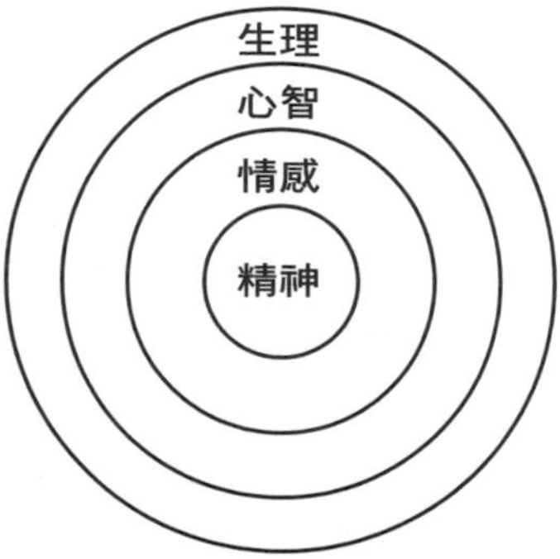

中一個原因，其實是因為那些人缺乏情感層面的教育，他們任恐懼束縛手腳。

軍校與海軍陸戰隊最棒的事情之一，就是這些組織花費大量時間發展年輕男女的精神、情感、心智與生理層面。雖然這種教育並不輕鬆，但卻十分完整，讓我們做好從事艱困工作的準備。

我會製作「現金流」遊戲，是因為這款遊戲教育出完整的人。比起閱讀或聽課，這款遊戲是更好的教學工具，原因很簡單，因為玩家在遊戲時，必須投入身體、心智、情感及精神。

這款遊戲的設計是玩家運用金錢，並盡可能犯錯，接著從錯誤中學習。對我來說，以這種方式學習理財最為人性化。

道路即是目的地

時至今日，已經有數以千計的富爸爸現金流社團分布全世界。富爸爸現金流社團之所以重要的原因，是因為它是一座避風港，是生活道路上的中途站。加入富爸爸現金流社團，你能夠認識更多與你擁有相同目標的人，這些人都想要實際做出改變，而非純粹紙上談兵。

不像一般學校，這裡不需要提供文憑及成績證明，參加的條件就只有對於學習與改變的真誠渴望。在這款遊戲中，你會在不同財務狀況中犯下大量錯誤，接著你會從錯誤中學習。

富爸爸現金流社團不適合那些想要一夜致富的人，社團的成立目的是為了在成員歷經長期的心智、精神、生理與財務層面的改變時，隨時提供支持協助。每個人改變及發展的速度都不盡相同，所以你能自在地以自己的步調前進。

結論

找到自己的生活道路並不簡單，就算是現在的我，也不確定自己是不是走在屬於自己的道路之上。我們都會迷失，也並非每次都能輕易找到回來的正確方向。

如果你覺得自己並非待在適合的象限之內，或者並沒有走在你的生活道路之上，我鼓勵你去探索內心，並找出屬於自己的生活道路。如果你會說出以下這些話，那麼你就知道是時候做出改變了：「我和一群死人一起工作。」、「我喜歡我的工作，但是我希望能賺更多錢。」、「週末怎麼還沒到。」、「我希望能做自己的事。」、「現在是可以放棄的時機了嗎？」

我的姊姊是尼姑，她的道路就是協助達賴喇嘛，一條沒有回報的道路。然而，雖然她的收入不高，但這不代表她是窮尼姑。她有用來出租的房產，還投資金銀市場。她的精神力量以及受過良好理財教育的心智，讓她能夠無後顧之憂地追隨自己的生活道路。

從許多方面來說，在求學階段被貼上標籤都是一件好事。雖然這造成情感層面上的痛苦，但這種痛讓我得以發憤去尋找自己的生活道路，進而成為了教師。就像我的尼姑姊姊，身為老師並不代表我就得當窮老師。

最後，再分享一次釋一行禪師的名言：「道路本身即是目的地。」

序言／你位於哪個象限？

現金流象限可以用來判斷人們的收入來源為何。

在財務方面，你自由嗎？如果你在生活中時常遇到財務方面的問題，並且因此無法做出必要的選擇，那麼你將發現這本書正是為你而寫的；如果你想改善現況，改變未來的財富命運，這本書將有助於你設計出具體的行動方案。下面就是一幅典型的現金流象限圖。

我們每個人都至少位於現金流象限圖四個象限中的一個，而所處的位置由我們的現金來源決定。我們當中很多人靠薪水生活，屬於員工，而另外一些人則是自由工作者。員工和自由工作者都位於現金流象限的左邊，那些從自己的企

E：雇員（上班族）
S：自由工作者、專家，或者中小企業老闆
B：大型企業的老闆（公司員工數超過五百人及以上）
I：投資者

業或投資獲得現金流的人，則位於現金流象限的右側。

本書描述了商業世界中四種不同類型的人：他們是誰？處於不同象限的人具有哪些特徵？我將為大家回答這些問題，並幫助你確定自己在象限中所處的區域。當你決定選擇通向財務自由的道路時，本書還會幫助你制定計畫，使你在未來能夠成為想成為的人。當然，財務自由在四個象限中都能夠實現，只不過「B」或「I」的技能將使你更快實現財務自由。

長大後，你想要運水還是造水？

本書在很多方面可以說是《富爸爸，窮爸爸》一書的續集，該書講述兩個爸爸帶給我有關金錢問題和生活選擇的不同建議。這兩個爸爸，一位是我的親生父親，另一位則是我最好朋友的父親；一位受過良好的教育，另一位則在高中時期便輟了學；而一位一貧如洗，另一位則腰纏萬貫。

成長過程中，我那有學問但貧窮的爸爸總是提

醒：「上學，考高分，然後找一份穩定的好工作。」

他向我建議的，實際上是上一頁圖的生活道路。窮爸爸建議我將來做一名高薪員工「E」，或是一個高薪自由工作者「S」，例如醫生、律師或者會計師。我的窮爸爸非常關心穩定的薪資、各種福利和職業保障，這就是為什麼他成為一名高薪的政府官員、即夏威夷教育部總督學的原因。

我那沒受過太多教育但富有的富爸爸卻提出完全不同的看法：「上學，畢業，開辦企業，做一名成功的投資者。」他提倡上圖這種生活道路。

本書描述我按照富爸爸的建議所經歷的智力、情感和學習的過程，也是我為那些想改變自身所處象限的人們所寫。它尤其適合於那些現在是「E」或「S」，正打算成為「B」或「I」的人們。這本書也是為那些準備拋開職業保障，並開始尋求財務保障的人而寫。儘管這個過程並不輕鬆，但是我相信旅途盡頭的獎品值得你選擇這次旅行，因為這將是實現財務自由夢想的特別旅行。

在我十二歲時，富爸爸曾為我講過一個簡單的故事，正是這個故事一直引導著我獲得鉅額財富，並在最後取得財務上的自由。故事充分體現富爸爸對現金流象限左邊的「E」和「S」與右邊的「B」和「I」之間的不同之處所持有的獨特看法。故事是這樣的：

從前有個奇異的小村莊，村莊裡除了雨水沒有任何水源，除此之外，這裡是人們生活的好地方。為了解決水源的問題，村裡的長者決定對外簽訂一份送水合約，以便每天都有人把水送到村子裡。有兩個人願意接受這份工作，於是長者將這份合約同時給了這兩人；因為他知道，一定的競爭既有益於維持價格低廉，又能確保水的供應，必要時還可以互相補充。

得到合約的兩個人中，一個叫艾德，他立刻採取行動。他買了兩只鍍鋅的大號鋼桶，每日奔波於一．五公里外的湖泊和村莊之間，從湖中打水並運回村莊，再把打來的水倒在由村民修建的大蓄水池中。每天早晨他都必須起得比其他村民早，以便當村民需要用水時，蓄水池中已有足夠的水供他們使用。由於起早貪黑工作，艾德很快就開始賺到錢。儘管這是一項相當艱苦的工作，但是艾德很高興，因為他能不斷賺錢，並且對能夠擁有兩份專營合約中的一份而感到滿意。

另外一個獲得合約的人叫比爾，令人感到奇怪的是，他自從簽訂合約後就消失了。幾個月來，人們一直沒有看過比爾。這點更令艾德感到開心，因為就沒有人與他競爭了，等於賺到所有的水錢。比爾做什麼去了呢？原來比爾沒有像艾德那樣也去買水桶，他做了一份詳細的商業計畫，憑藉計畫書找到四名投資人，和他一起開了一家公司，並雇用一位專業經理。六個月後，比爾帶著一個施工團隊和一筆投資回到村莊。花了整整一年時間，比爾的施工隊修建了一條從村莊通往湖泊的不銹鋼水管道。

在竣工典禮上，比爾宣布他的水比艾德的更乾淨，因為比爾知道有許多人抱怨艾德的水有灰塵。比爾還宣稱，他能每天二十四小時、一星期七天不間斷地為村民提供用水源，而艾德卻只能在工作日送水，因為他在週末同樣需要休息。同時，比爾也宣布，對品質更好、供應更為可靠的水，他收取的價格比艾德的還要低七十五%，於是村民們歡呼雀躍，迫不及待回家拿水桶要來接比爾提供的水源。

為了與比爾競爭，艾德也立刻將水價降價七十五%，並且又買了兩只水桶，開始一次運送四桶水，為了減少灰塵，他還為每個桶都加上蓋子。為了提供更好的服務，他雇用他的兩個兒子，以便在夜間和週末也能工作。當兒子們要離開村莊去上學時，他對他們說：「要早點回來，因為有一天這份工作將屬於你們。」基於某種原因，他的兒子們畢業後，便沒有再回來。艾德不得已只好雇用員工，但又遇到令他頭痛的工會問題。工會要求他付更高的薪水，提供更好的福利，並要求減輕勞動，允許工會成員每次只運送一桶水。

此時，比爾卻在思考：如果這個村莊需要水，其他有類似環境的村莊一定也需要水。於是，他重新擬定商業計畫，開始向全國、甚至全世界的村莊，推銷快速、大容量、低成本且衛生的送水系統。每送出一桶水他只賺一便士，但他每天能送幾十萬桶水。無論他是否工作，幾十萬的人都要消費這幾十萬桶的水，這些錢也就流入了比爾的銀行帳戶中。顯然，比爾不但開發了使水流向村莊的管道，而且還開發一個使錢流向錢包的管道。

從此以後，比爾幸福地生活著，而艾德在餘生仍拚命工作，最終還是永久陷入財務問題中。故事就這樣結束了。

多年來，比爾和艾德的故事一直指引著我，每當我要做出生活決策時，這個故事都能給我幫助。我時常問自己：

「我究竟是在修管道還是在運水？」

「我是在拚命工作，還是在聰明地工作？」

正是因為不斷提出和回答這些問題，使我最後獲得了財務自由。這就是本書所要講述的內容，它將告訴你如何成為「B」和「I」。它適合那些已經厭煩「運水」，希望修築一條管道，讓現金能流入自己錢袋，而不是流出去的人。

重點是你想成為誰

本書第一部描述分別處於四個象限的人之間的重要差別。它說明為什麼特定的人注定落在某些特定的象限內，他們通常原地不動卻無法認知到這一點。這部分還將幫助你識別自己現在處於哪個象限，以及預測五年後的位置。

第二部是告訴我們如何進行改變，並對你必須「成為誰」，而不是你必須「做什麼」進行闡述。

第三部則告訴你邁向現金流象限右側的七個步驟。我將與大家分享關於成為一名成功的「B」和「I」所需要的技能與祕訣，這些技能將幫助你鋪設實現財務自由的道路。

在本書中，我仍然強調財務IQ的重要性。如果你想位於象限右側、即「B」和「I」，就需要比位於左邊的「E」和「S」時更加精明。要成為「B」或「I」，你必須能控制自己的現金流流向。本書是為那些想讓生活發生改變的人所寫，也是為那些想從舒適圈跳脫出來，並開始構建自己的財富管道，以獲得財務自由的人們而寫。

此刻正處於資訊時代，這個時代將提供我們比以往更多的機會，只有那些具有「B」和「I」技能的人，才能識別並抓住這些機會。此外，一個人想在資訊時代獲得成功，需要同時具備來自四個象限的能力和資訊，遺憾的是，我們的學校教育大多仍處於工業時代，僅僅教育學生們為擁有象限的左邊位置做好準備。

如果你正在尋找邁向資訊時代的新答案，這本書將會很適合你，它將在你通向資訊時代的旅途中助你一臂之力。本書並未囊括所有答案，但卻擁有深刻的個人見解，這些見解正是我從現金流象限中的「E」和「S」轉變為「B」和「I」的親身經歷中獲得的。

如果現在你想開始通往財務自由的旅程，或者已經處於這樣的過程中，那麼，這本書再適合你不過了。

第一部

定位你在金錢遊戲中的角色

Rich Dad's Cashflow Quadrant

第一章 找一份工作的意義

對一個需要工作的人解釋其實我們可以不用上班，是一件很困難的事情。

一九八五年，我和妻子金淪落到無家可歸的地步。我們失業了，身上沒剩多少錢，信用卡也無法使用。我們住在一輛棕色的舊豐田汽車裡，把斜椅當作床。一星期後，我們終於領悟到「我們是誰？」、「我們在做什麼？」、「我們要往那裡去？」等殘酷的現實問題。

這種無家可歸的情況又持續了兩個星期。一位朋友看到我們這令人絕望的財務狀況時，提供我們一間地下室，那裡成為我們往後九個月的住所。

大多數情況下，金和我在表面上看起來都很正常，並且保持平靜。當朋友們和家人獲知我們的困境時，直接的反應總是：「你們為什麼不再去找一份工作？」起初，我們試圖解釋，但後來發現，大多時候我們無法說明白自己的理由。因為對於一個看重工作的人來說，你很難對他解釋為什麼你沒有工作。

有時，我們也會做一些臨時工，賺些現金回來，這樣的工作僅能提供我們所需的食物和汽油，但在當時，這些額外收入是支援我們為自己奇特目標奮鬥的唯一能源。我必須承認，一個安全且有保障的給薪工作是極具吸引力的，但由於有保障的工作並不是我們追尋的東西，於是我們只能堅持在財務深淵的邊緣，繼續艱難度日。

一九八五年可以說是我們人生中最糟糕的一年，也是最漫長的一年。很明顯地，任何認為錢不重要的人都不能長期沒有錢。金和我經常發生爭吵，恐懼、對生活前景的不確定感和饑餓削弱了我們的情感防線，使我們常不自覺和最愛的人爭吵。然而，愛又使我們連在一起，情感也由於艱苦的生活而變得更加深厚。我們知道自己的目標所在，只是不知道是否能夠達成。

事實上，我們知道自己能找到一份安全、可靠且薪水很高的工作；我們兩人都有良好的工作技能和可靠的職業道德，同時也都是大學畢業生。但是，我們知道自己想要的並不是一份穩定的工作，我們追尋的是財務上的自由。

到了一九八九年，我們成為百萬富翁。雖然在某些人眼中，我們已經在財務上獲得成功，但仍然沒有實現我們的夢想，那就是財務上真正的自由。直到一九九四年，這個夢想才得以實現。從那以後，我們可以不用再為後半輩子工作，我們擁有穩定的現金流，已經足以應付任何預料不到的財務困難。

這年，金三十七歲，我四十七歲。

賺錢卻不用投錢

我用無家可歸和一無所有的故事來開始，是因為我經常聽人們說「要靠錢才能賺錢」。我不完全同意這種觀點。從一九八五年的無家可歸，到一九八九年的富裕生活，再到一九九四年的財務自由，我沒有投資什麼錢。當我們起步時，根本沒有錢，並且負債累累。賺錢也不需要有多麼好的教育背景。我有一個大學學位，但老實說，獲得財務自由與我在大學裡學到的東西沒有多少關係，我學過微積分、三角幾何、化學、物理、法語和英國文學等，但天曉得，這些知識有很多我都已不記得了。

許多成功人士在獲得大學文憑前就離開學校。這些人有通用電氣的創辦人湯瑪斯．愛迪生、福特汽車公司的創辦人亨利．福特、微軟的創辦人比爾．蓋茲、CNN的創辦人泰德．透納、戴爾電腦公司的創辦人麥克．戴爾、蘋果電腦的創辦人史帝夫．賈伯斯，還有知名名牌服飾POLO的創辦人勞夫．羅倫。大學教育對於獲得傳統職業的確十分重要，但對於人們如何創造鉅額財富並不重要。湯瑪斯．愛迪生等人開創了成功的事業，這也正是金和我所追求的。

人們經常問我：「如果賺錢不需要靠錢滾錢，而且學校也沒有教你如何實現財務自由，那麼賺錢需要什麼條件呢？」

我的回答是：「賺錢需要一個夢想、快速學習的決心，以及正確使用天賦的能力和辨別收入來自現金流象限哪一部分的能力。」下面這張圖就是現金流象限。

你的收入來自哪個象限？

現金流象限代表產生收入或金錢的不同途徑。例如，員工透過擁有一份工作，為另外一個人或一家公司工作而賺錢；自由工作者透過為自己工作而賺錢；企業主擁有能產生錢的企業；而投資人則從各種投資中獲得金錢，換句話說，就是用錢生出更多的錢。

不同的賺錢方法源於不同的思考模式、技術技能、教

E：雇員（上班族）
S：自由工作者、專家，或者中小企業老闆
B：大型企業的老闆（公司員工數超過五百人及以上）
I：投資者

育背景，以及性格類型。由於以上這些差別，大家被吸引到不同的象限中。

雖然錢是完全相同的，但賺錢的途徑卻截然不同。如果你要為每個象限尋找一個標誌，首先你得問自己：「我的收入主要來自於哪個象限？」

每個象限都不一樣，從不同的象限中創造收入需要不同的技能和個性，從一個象限轉變到另一個，就好比是上午打高爾夫球，晚上則跳芭蕾舞。

我們大部分的人都具有從四個象限中賺錢的潛力。學校教育並不一定能幫助我們選擇從哪個象限中賺取主要收入，這種選擇最後還是取決於我們是誰，也就是基本價值觀、優勢、弱勢和興趣所在。而正是這些關鍵的不同之處，吸引我們進入或迫使我們離開某個象限。

然而，不論我們從事何種專業，都可以選擇在四個象限中工作。例如，醫生可以選擇做一名員工「E」（Employee）來賺錢。他可以加入大醫院，也可以在公共醫療服務系統中為政府工作，或當軍醫，或者加入需要醫生的保險公司。

這位醫生還能選擇成為自由工作者「S」（Self-employed），他可以開設私人診所，成立辦公室，雇用員工並建立一份私人客戶名單。

他還可能決定成為企業主「B」（Business owner），擁有一家診所或實驗室，並雇用其他醫生。這個醫生也許會雇用商業經理去經營這個機構，在這種情況下，他將擁有企業，但不必在該企業中工作。也可能會擁有一間與醫學無關的企業，並同時在別的地方行醫，在這種情況下，他將同時在E和B象限賺錢。

作為「I」（Investor），他會向別人的企業投資，或在股票市場、債券市場和不動產市場等金融市場上投資賺錢。重要的是「收入來自於……」，這不在於我們賺錢時扮演的角色，而取決於如何創造收入。

我們從某個象限中創造收入取決於我們對基本價值觀、優勢、弱勢和興趣的差別，而不是其他因素。有些人喜歡當員工，有些人則厭惡；有些人喜歡擁有自己的公司，但不想親自經營；另外有些人則喜歡擁有公司，也喜歡經營；有些人喜歡投資，而有些人光是看到損失的風險就敬而遠之。我們大多數人都具有每種性格的一些特徵，要在四個象限中獲得成功，通常意味某些重要的價值觀將有所改變。

在四個象限中，你可能富有，也可能貧窮

現在必須強調的是：在這四個象限中，你能變得很富有，也可能變得貧窮。在每個象限中都有人賺到幾百萬美元，也有人瀕臨破產。處在某一個或另一個象限中，並不能確保你在財務上就能成功。

透過對每個象限的了解，你將對哪個象限或哪些象限最適合你有更好的認識。

例如，我選擇在B和I象限工作的主要原因之一就是稅收上的好處。對於大多數在左邊象限工作的人來說，幾乎沒有什麼合法的避稅途徑，然而，象限的右邊卻存在著大量、合法的避稅辦法。透過在B和I象限賺錢，我不但能快速賺錢，讓錢長久為我服務，而且不必損失一大筆錢去繳稅。

當有人問金和我為什麼會無家可歸時，我告訴他們，這是因為我的富爸爸已經告訴過我應該如何認識錢。對我來說，錢很重要，但我卻不想浪費自己的一生去為錢工作，這就是為什麼我不想找工作的原因。我們想成為負責任的公民，但希望能讓錢為我們工作，而不是為錢操勞一生。

這就是為何現金流象限如此重要的原因，它區分出金錢產生的不同途徑，即除了靠體力勞動賺錢外，還有其他更有效的賺錢方法。

不同的父親，不同的金錢觀

我那有學問的親爸爸堅信喜歡錢是種罪惡，過分的獲利意味這個人很貪婪。當報紙上刊登他賺多少錢時，他會感到非常困窘，因為他認為與那些為他工作的學校教師相比，他的薪水太高了。他是一個善良、誠實、勤奮工作的好人，他努力捍衛自己的觀點，那就是錢對於生活並不重要。

我那很有學問，但很貧窮的爸爸總是說：

「我對錢不感興趣。」

「我永遠也不會富有。」

「我支付不起。」

「投資有風險。」

「錢不是一切。」

我的富爸爸則持不同觀點。他認為，花費一生為錢工作是愚蠢的，但認為錢不重要也同樣愚蠢。

富爸爸相信生活本身比錢更重要，但是錢對於維持生計也很重要。他經常說：「你一天中僅有這麼幾個小時，你只能在這段時間內努力工作，那麼為什麼要為錢而拚命呢？是不是應該學會讓錢和別人為你工作？這樣你才能自由地去做其他重要的事情。」

對我的富爸爸而言，下面這些才是最重要的：1.有時間教育孩子；2.有錢捐贈給想支援的慈善機構和慈善計畫；3.為社會創造就業機會和金融穩定；4.有時間和金錢照顧自己的健康；5.能夠與家人環遊世界。

「做這些事都要花錢，」富爸爸說，「這就是為什麼錢對我如此重要的原因，但我不想花費一生為錢而工作。」

當我們無家可歸時，金和我仍選擇在B和I象限中工作的原因之一就是，我接受過這方面的訓練和教育。由於富爸爸的引導，我知道每個象限不同的財務和職業優勢，對我而言，象限的右邊，即B和I象限，能提供實現財務成功和自由的機會。

而且，在我三十七歲那年，我已經歷了所有四象限中的成功與失敗。這些經歷使我對自己的性格、喜好、厭惡、優點和弱點有充分了解，我知道我最適合哪個象限。

父母就是你的老師

當我還是個小男孩時，我的富爸爸就經常提到現金流象限，他總是為我解釋在左邊成功的人和在右邊成功的人之間的差別。由於當時還小，我並沒有真正思考過他的話，我不能理解員工與企業主的思維到底有什麼差別，那時我正在努力不被學校開除。

然而，我確實聽進去他的話後，這些話很快開始起作用了。兩個生動而成功的父親形象圍繞著我、影響著我，也正是他們使我開始注意到「E－S」象限和「B－I」象限之間的差別。起初，這些差別是微小的，後來就變得越來越明顯。

舉例來說，小時候我經歷過一種痛苦的體驗，那就是看兩個爸爸中哪位有更多時間與我在一起。當兩個爸爸都變得日益成功和顯赫時，很明顯地，其中一個爸爸花在他妻子和四個孩子身上的時間越來越少，那就是我的親爸爸。他總是到處奔波，出席會議或奔向機場，以便出席更多的會議。他越成功，與我們一起吃飯的次數就越少，甚至週末，他也會留在擁擠的小辦公室裡，把自己埋在一大堆文件中。

相反地，隨著富爸爸的成功，他的閒暇時間卻越來越多。我之所以學習到許多關於金錢、財務、商業和生活上的知識，原因之一也在於富爸爸有更多時間陪伴我和他自己的孩子。

另一個例子是，當我的兩個爸爸越來越成功時，他們賺的錢也越來越多，但是我那很有學問的親爸爸卻同時陷入更深的債務危機。他不得不更努力工作，因為他突然發現自己身處在更高的所得稅率級別上。銀行家和會計師建議他買一棟更大的房子，以實現所謂的避稅。親爸爸準備接受這項建議，購買一間更大的房子，但他得更加努力工作，好賺更多錢以支付新房屋。這樣做的結果是，他又更加遠離他的家人。

我的富爸爸則截然不同。他賺的錢越多，但繳納的稅卻越少。他也有銀行家和會計師，但是，他得到的建議和有學問的爸爸得到的並不相同。

正因為我那處於事業頂峰、有學問但很貧窮的爸爸發生了一件事，使我決定不選擇現金流象限的左邊。

一九七〇年初，我從大學畢業，馬上要被派去越南，所以在佛羅里達州的彭薩科拉灣接受海軍陸戰隊飛行員的訓練。我有學問的爸爸當時是夏威夷州教育部的督學，一天晚上，他打了通電話給我。

「孩子，」他說，「我準備辭掉現在的工作，代表共和黨參加夏威夷州副州長的競選。」我吃了一驚，隨後問道，「你要和你的老闆角逐？」

「是的。」他回答道。

「為什麼？」我說，「共和黨的候選人在夏威夷是沒有機會當選的。民主黨和工會的勢力太強大了。」

「我知道，孩子，我也知道我們不能奢望成功。山繆．金法官將是州長候選人，而我是他的競選搭檔。」

「為什麼？」我再次問道，「為什麼你明知道不會成功，卻還要和你的老闆競爭？」

「因為我的良心要我非這麼做不可，政客們玩弄的那套把戲令我氣憤。」

「你是說他們貪污腐敗？」我問。

「我不想那麼說。」爸爸說。我知道他是個誠實且有道德的人，幾乎不說任何人的壞話，然而，從他的嗓音中我能夠肯定，當他說出這些話時，他是非常氣憤且不安的。

「我只是想說，每當我看到幕後的真相時，良心就會不安。如果我假裝瞎了眼，或什麼事都不做，我將無法生活。我的良心比工作和薪水更加重要。」

沉默了一段時間之後，我意識到爸爸已經下定決心。「那，祝你好運，」我平靜地說，「我為你的勇氣感到驕傲，也為身為你的兒子感到自豪。」

正如預想的一樣，爸爸敗選了。連任的州長放話說爸爸將永遠無法在夏威夷州政府獲得任何工作，事實的確如此。那年他五十四歲，開始找工作，而我則去了越南。

我爸爸在中年時開始尋找新工作，他從一個高頭銜、低薪的工作，轉到更多高頭銜、低薪的工作上去，這些工作或許是擔任某家非營利機構總裁，或是在非營利服務企業當經理。

他在唯一熟悉的領域、即政府員工的領域中不再受到歡迎後，試著開辦過幾個小型企業，有段時間還做過諮詢顧問，甚至買下一間有名的店經營，但這些事業都相繼失敗。隨著他年齡越大和精力不斷衰退，他捲土重來的動力也跟著遞減，每次失敗後，意志就會相對消沉。他曾是一個成功的「E」，但他這時要做的卻是試圖在「S」這個他沒有任何知識和經驗的象限、一個他心不在焉的象限裡獲取成功。他熱愛公共教育事業，卻找不到回去的道路，州政府禁止雇用他的禁令持續默默生效。

如果沒有社會和醫療保障，他生命中的最後幾年將會是一場災難。他去世時，心灰意冷中略帶氣憤，但仍保持著清醒的良知。

那麼，是什麼使我熬過那段最黯淡的時光？我想應該是那縈繞在腦海中，有學問爸爸帶給我的回憶：他坐在家中，等著電話鈴響，試圖在商業界、一個他一無所知的領域中獲得成功。

然而，當回憶起我的富爸爸隨著年歲增長，變得更加幸福和成功時，我心中立刻充滿了歡樂。富爸爸在五十四歲時，不僅沒有衰退，反而更加綻放。在此之前，他已經很富有，但現在他是百萬富翁。他成為收購茂宜島和威基基地區大公司的風雲人物，並出現在報紙上。多年來，他有計畫地經營他的企業和投資，現在這些都得到回報，並成為夏威夷最富有的人士之一。

細微的差別造成巨大的改變

由於我的富爸爸為我解釋過現金流象限，因此我能輕易看出象限間的細微差別。這些差別在經過多年後，將演變出巨大的差異。正是由於現金流象限的影響，我知道一個人先不必忙著決定想做什麼，重要的是，應在選擇某項工作後，想清楚自己想成為一個什麼樣的人。在最艱難的日子裡，我從兩位有影響力的爸爸身上，獲得深刻的認知和教訓，才使我能夠不斷進步。

下圖的現金流象限不僅是兩條線和一些英文字母，透過這個簡單的圖形，你會發現一個完全不同的世界，以及觀察世界的不同方式。作為一個從現金流象限左右兩側觀察世界的人，我可以誠懇地說，這個世界將根據你所處的象限而不一樣，而這些不同正是本書所要描述的內容。

一個象限沒有比另一個象限好，每個象限都有優缺點。本書能讓你了解這些不同，並告訴你在每個象限中獲得財務成功所需的個人發展。我希望你能用更敏銳的眼光，去選擇最適合自己的財務生活之路。

學校沒有教導你在象限右側獲得成功必備的技能，這也許能說明微軟的比爾·蓋茲、CNN的泰德·透納以及湯瑪斯·愛迪生等人早早離開學校後仍能獲得巨大成功的一些奧祕。本書會介紹這些技能以及個人需具備的關鍵氣質，這些是在B和I象限中成功的必要因素。

首先，我將對四個象限進行概述，集中對「B」和「I」進行描述。已經有很多書描寫如何能在E和S象限中獲得成功，故在此不再贅述。

讀完這本書，有些人也許想改變自己的賺錢方式，有些人也許仍樂意保持現狀。你也可能會選擇在多個象限，甚至在所有這四個象限中同時工作。我們每個人各不相同，而且並非某個象限一定比另一個象限更重要或更好，世上每個村莊、城鎮、都市和國家，都需要有分別處在這四個象限中工作的人，從而確保社會的經濟穩定。

也許，隨著年齡增長或有過另一種經歷後，我們的興趣會發生改變。例如，我注意到許多剛離開學校的年輕人興高采烈地找到工作，然而，幾年後，他們之中的一些人不再沉迷於在公司裡升遷，對他們所處的事業領域也失去興趣。或許年齡和經驗的變化會導致一個人去尋找新的成功路徑，迎接新的挑戰、金錢回報和個人幸福。我希望這本書能提供一些達到這些目標的新觀點。

總之，這本書不是描寫無家可歸的故事，而是要幫助你找到一個家，一個位於一個象限或幾個象限中的家。

第二章
不同象限，不同的人

想改變所處的象限，得先改變自己的內心。

「老狗學不會新把戲。」我那有學問的爸爸總是這樣說。

我曾經幾次和他坐在一起，盡我最大努力向他解釋現金流象限，以便為他指明新的財務方向。但他已經近六十歲，他認為自己的夢想不可能實現了。被列入黑名單後，他被排除在州政府的大牆之外，現在他也把自己列進黑名單。

「我盡力了，但沒有用。」他說。

爸爸曾嘗試做自由職業顧問，開辦事業，以期在S象限中獲得成功，並且也曾將畢生積蓄的大部分，投資在一家有名的冰淇淋店上，成為一名企業主「B」，但這些努力都失敗了。

他很聰明，知道這四個象限中的每一個都需要不同的技術、技能，他知道如果他願意，就可以學會這些技能。但是其他因素阻止了他這麼做。

一天午餐過後，我和富爸爸談到親生爸爸。

「你爸爸和我不是同一類的人，」富爸爸說，「雖然我們都是人，都有恐懼、懷疑、信仰、優點和弱點，但我們對這些基本相似點的反應和處理方式有很大的不同。」

「你能告訴我這些區別嗎？」我問。

「這不是在一頓午餐後就能說清楚的，」富爸爸說，「但是不同的反應方式正是導致我們處在一個象限或另一個象限中的原因。當你的父親竭力想從E象限跨向B時，在知識上他理解這個過程，但情感上卻無法這麼做。當事情進行得不順利、開始賠錢時，他就不知道該如何解決這些問題，所以他仍回到讓他感覺最舒服的象限E。」

「有時是E，有時是S。」我說。

富爸爸點了點頭，「當賠錢和失敗的恐懼使內心充滿痛苦時，他會選擇尋找安全，而我則選擇尋找自由。」

「這就是關鍵性的不同之處。」我說著，示意服務生結帳。

「雖然我們都是人，」富爸爸接著說，「但當觸及到金錢以及與金錢有關的情感問題時，我們的反應完全不同。正是對這些情感問題的反應方式，決定我們會選擇從什麼象限中取得收入。」

「不同的象限……不同的人。」我說。

「的確如此，」當我們起身往門口走去時，富爸爸說，「如果你希望在任何象限中都獲得成功，你需要掌握的就不僅是技術、技能，還要了解導致人們追尋不同象限的關鍵差別是什麼。懂得這一點，生活就會變得更容易。」

當富爸爸的轎車開過來時，我們握手道別。

「噢，最後一件事，」我匆忙說道，「我爸爸還能改變嗎？」

「當然，」富爸爸說，「任何人都能改變，但是改變所處象限並不像改變工作或職業那樣容易。改變象限通常是涉及到你是誰、你如何思考、如何看這個世界的一種根本性改變。這種改變對喜歡改變的人來說，比抗拒改變的人容易，也就是一種生活上的改變，就像那個古老的故事：毛毛蟲變成蝴蝶。同時，不僅你要改變，你的朋友也得改變，當你仍舊和老朋友在一起，毛毛蟲是很難做出蝴蝶做的事的。因為這種改變太巨大，所以沒有很多人能做到。」

侍者關上車門，富爸爸的車開走了，我則留在原地思考著這些差別。

這些差別是什麼？

如果人們分別是E、S、B或I，卻分不出彼此的差別，我該怎麼辨別呢？其中一種方法就是傾聽。

富爸爸最偉大的技能之一就是能夠讀懂別人，他認為，不能僅從書封就判斷一本書。富爸爸就像亨利．福特一樣，沒受過良好的教育，但是這兩個人都知道如何組織別人以及如何與別人一起工作。富爸爸總是對我說，把聰明的人安排在一起，讓他們成為一個團隊工作，是他最基本的技能之一。

從九歲起，富爸爸就開始教我成為「B」和「I」所需的技能，這些技能之一就是繞過表面，抓住本質。富爸爸過去常說，「如果我傾聽一個人說話，我會開始看到並感覺到他的靈魂。」

所以在我九歲時，當富爸爸招聘人員時，我就和他坐在一起。從這些面談中，我學會的不僅僅是傾聽，還有透過語言來判定其價值觀。我的富爸爸說，價值觀源於人的靈魂。

1. E象限人會說的話：來自E象限的員工可能會說：「我正在找一份穩定、有保障、薪水高，並且福利好的工作。」

2. S象限人會說的話：來自S、即自由工作者的人會說：「我的薪水是一小時三十五美元。」或者「我的傭金是總價六%。」或者「看起來，我找不到想做這份工作並能把這項工作做好的人。」或是「我在這個專案上已經花了二十多小時了。」

3. B象限人會說的話：在B象限，企業主可能會說：「我正在找一個新總裁來管理我的公司。」

4. I象限人會說的話：在I象限、即投資者的人會說：「我的現金流是基於內部收益率還是淨收益率呢？」

學會做言語的主人

富爸爸通常都能知道他正在面試的人的本質如何，在面試的那一刻，他就知道他們真正想要什麼，他必須提供什麼，以及他們交談時需要說什麼。富爸爸總是說：「言語是強而有力的工具。」他經常提醒我們記住這句話：「如果你想成為領導者，首先必須成為言語的主人。」

所以，要成為偉大的企業主「B」，必要的技能之一就是做語言的主人，學會對不同的人說不同的話。他訓練我們先仔細聽別人使用的詞語，讓我們明白是否應該用這些話，以及該何時使用，以便達到最好的效果。

富爸爸解釋道：「一句話可以使一個人興奮，也可以使另一個人消沉。」例如，「風險」這個詞對於I象限的人來說是令人激動的，而對於E象限的人來說，則喚起他們的恐懼。富爸爸強調，作為偉大的領導者，我們首先必須是偉大的傾聽者。如果你沒有聽清楚別人的言語，將無法感受到他們的靈魂，如果你沒有感受到靈魂，那麼永遠也不會知道你在跟誰交談。

核心差異

富爸爸之所以說「傾聽他們的談話，體會他們的靈魂」，是因為在一個人所選擇的言語背後，表現出這個人的基本價值觀，和與他人的關鍵性差異。下面是一個象限中的人與另一象限中的人的共同特徵。

1. E（Employee，員工）

當我聽到他們說「保障」或「福利」這些字時，我知道這些人本質上是哪一種人。「保障」這個字，是一個經常被用來回應恐懼心理的詞，來自E象限的人會經常使用這個字。當一個問題涉及到金錢和工作時，很多人甚至憎恨那種來自經濟不確定性的恐懼感，因此渴望獲得保障。

「福利」這個字則意味著，人們喜歡某種額外的報酬，也就是一種明確、有保證的額外津貼，諸如醫療計畫或退休計畫。不確定性會讓他們感到不快樂，確定才使他們放心。他們內心會說：「我將給你這個……，同時你得答應我，給我那個作為回報。」

他們希望某種程度的確定來平息心中的恐懼，所以當他們就業時，會尋求保障和嚴格的協定。他們會說「我對錢並不那麼感興趣」，這的確是事實。對他們來說，保障通常比金錢更重要。

員工可以是公司的總裁，也可以是公司的警衛。問題不在於他們做什麼，而在於他們與雇用他們的個人或組織所簽定的協定。

2. S（Self-employed，自由工作者）

這是一群想做自己老闆的人，或者是喜歡自己做事情的人。

我稱這類人為親自做事的人。通常，當提到金錢這個話題時，一個頑固、典型的「S」不喜歡讓他們的收入仰賴於他人。換句話說，如果「S」工作努力，他們希望工作得到回報。他們不喜歡賺來的錢由別人支配，或由一群工作不如他們努力的人來支配。如果他們工作努力，那麼請付給他們高薪；如果不夠努力，他們也知道不該得到那麼多。對於錢，他們擁有相當獨立的態度。

面對恐懼的反應

「E」、即員工對沒有錢的恐懼感，他們的反應通常是尋求保障。而「S」則有不同的反應，S象限的人不是透過尋找保障來消除恐懼，而是透過控制局勢和親自解決問題來消除它，這就是稱「S」族為親自做事族的原因。對於恐懼和財務風險問題，他們想「抓住牛角來控制牛」。在這群人中，你會發現有許多受過良好教育的專業人士，例如醫生、律師和牙醫，他們都曾在學校學習多年。

「S」中的人，除了接受傳統學校教育外，還接受其他教育方式。在這群人中，還有直接收取佣金的推銷員，如不動產代理人以及小企業主，如零售店老闆、清潔員、餐廳老闆、顧問、藥劑師、旅行社代理、機師、管道工、木匠、牧師、電工、理髮師和藝術家等。

這群人喜歡的論調是「沒有人比我做得更好」，或是「我有自己的做事方式」。自由工作者通常是典型的完美主義者，他們想把事情做好。他們不覺得別人會做得比他們還好，因此不相信別人會按照他們喜歡的方式做事——恰當的方式、能把事情做到最好的方式。在許多方面，他們是具有自己做事風格和方法的藝術家。

而這正是我們雇用這類人的原因。如果你雇用一名腦神經外科醫生，你希望他擁有多年職業訓練和經驗，重要的是，你希望他是個完美主義者。對於牙醫、髮型師、行銷顧問、電工、律師或者公司訓練師，情況都是如此。以客戶的角度，也希望能雇用到最好的人為他們服務。

對這群人來說，錢對於他們的工作而言，並非最重要的條件。他們的獨立性、按照自己的方式做事的自由度，以及在其領域中被尊稱為專家，都要比單純的金錢重要得多。當你雇用他們時，最好的方式是告訴他們你想得到什麼結果，然後把事情留給他們自己去做。他們不需要、也不想被監督，如果你干預太多，只會使他們停下工作，請你另請高明。對他們來說，錢的確不是第一順位，重要的是他們的獨立性。

這種人通常不願雇用別人，因為他們認為沒有人能勝任自己的工作。

而且，如果這類人訓練一個人做事，剛被訓練完的人在結束後，往往也會做自己的事、做自己的老闆、按自己的方式做事，以及找機會表現自己的個性。

許多S型的人不願雇用或訓練他人，因為一旦訓練結束，這些人通常會變成他們的競爭對手。這也是使他們更加努力工作、親自做事的原因之一。

3. B（Business Owner，企業所有人）

這類型的人幾乎就是「S」的對立面；那些真正的企業主「B」喜歡自己身邊圍繞著來自四個象限E、S、B和I的菁英。與「B」不同，「S」不喜歡委派工作（因為沒有人能比他做得更好），而真正的「B」喜歡分配工作。他們的座右銘是：如果你能雇用別人為你做事，並且他們能做得比你更好，為什麼要自己來呢？

亨利・福特（Henry Ford）就是這種人。關於這點有個流傳已久的故事：一群所謂知識分子譴責福特無知，他們認為福特實際上什麼也不懂。為此，福特邀請這些人去他辦公室，並鼓勵他們向他提問，他願意回答任何問題。這個小組召集了全美最有影響力的實業家，並開始向福特提問，福特聆聽他們的問題，當問題結束時，他只是打了幾通電話，叫來幾個聰明的助手，由他們回答小組想知道的答案。最後他告訴這個小組，他喜歡雇用那些受過良好教育並知道答案的聰明人，這樣他就能讓自己的大腦保持清醒，以便做更重要的工作——思考。福特的名言是：「思考是世上最艱苦的工作，這就是為什麼很少人從事這項工作的原因。」

領導產生最好的結果

富爸爸的偶像是亨利．福特。他讓我讀了很多有關福特和標準石油創辦人約翰．洛克菲勒等人的書。富爸爸經常鼓勵他兒子和我學習領導藝術和商業技能。我現在才知道，許多人可能具有其中一種才能，但作為成功的「B」，你需要同時具備這兩種才能。我還認識到，這兩種才能可以透過學習而獲得。商業和領導技能不僅是一門科學，也是一門藝術，對我而言，兩者是我終生學習的目標。

當我還是個孩子時，富爸爸送我一本名為《石頭湯》（Stone Soup）的童書，這本書是瑪西亞．布朗（Marcia Brown）在一九四七年寫的，今天仍能在書店中找到。從讀這本書起，我開始了成為企業領導的訓練課程。

富爸爸說：「領導力，就是把人最好的一面引導出來的能力。」因此，他教我們獲得成功必須的技術技能，這些技能包括閱讀財務報表、行銷、會計、管理、生產和談判，並且他強調，我們應該學會與他人合作和領導他人。富爸爸總是說：「商業的技術技能很簡單，困難的是與人一起工作。」

為了時時提醒自己，至今我仍在讀《石頭湯》，因為在事情沒有按照自己的方式進行時，我總會有種成為暴君而非領導者的傾向。

企業家的培養，需要技術

我經常聽到這樣的話：「我打算開始自己的事業。」

許多人願意相信，通往財務安全和幸福的途徑是從事自己的事業，或開發一個別人沒有的新產品。因此他們匆忙地開辦企業，在很多情況下這是他們選擇的路（如下圖）。

也有許多人迂迴行事，從S型企業開始，而不是從B型企業起步。其實，「B」並不一定比「S」好，兩者都有優缺點，也有不同的風險和回報。但許多人在開辦B型企業時，卻轉而開辦了S型企業，這使他們在進入象限右側的探索過程中，陷入了困境。許多新企業家想這樣做（如圖❶），但是迂迴的做法使得他們受阻，就變成（如圖❷），然後，他們又嘗試這樣做（如圖❸）。

僅有很少的人最後嘗試成功。為什麼呢?因為在每個象限獲得成功所需的專業技術和人際溝通技能通常是不同的。你必須學會一個象限所需的技能和思考方式，才能在該象限中實現成功。

圖❶

圖❷

圖❸

再成功的S型企業都得工作一輩子

真正的企業主「B」會有信心，如果他們離開企業一年多，當他們回來時，會發現企業比他們離開時獲利更好，營運得也更好。在真正的S型企業中，如果「S」離開企業一年多，等他回來時，就會發現企業已沒有什麼生意可做了。

是什麼導致這兩者的差異?簡單地說，「S」擁有的是一份工作，而「B」擁有的是一個系統，雇用能勝任的人去操作這個系統。換句話說：在很多情況下，「S」不得不親自操作系統，這導致他們無法離開。

例如，一個牙醫花費數年時間在學校學習，最後形成自我獨立的系統。你是牙痛的病人，你去看牙醫，他為你治好了牙，你付錢後回家。你覺得治療得很好，因此向所有朋友介紹這位不錯的牙醫。在許多情況下，牙醫能夠獨立完成全部的工作。問題是，如果牙醫去度假，那他的收入也就沒有了。

B型企業主可以永遠度假，因為他們擁有一個系統，而不是一份工作。當「B」在度假時，錢照來不誤。

想成為成功的「B」，你需要有：**1.對系統的所有權或控制權。2.領導他人的能力。**

「S」想發展為「B」的話，則需要把自己知道的事轉成一個系統，但很多人無法做到這一點，通常是因為他們與這個系統的聯繫太過緊密。

你能做出比麥當勞更好的漢堡嗎？

許多人向我諮詢如何創辦一家公司，或如何從一個新產品或新想法上賺到錢。

通常我會用大約十分鐘的時間傾聽他們的話。在這段時間內，我能推斷出問題的關鍵所在，是產品還是企業系統問題？在這十分鐘，我經常聽到這些話（記住，做一名優秀傾聽者的重要性在於從話語中認識一個人靈魂深處的基本價值觀）：「這是一種比XYZ公司的產品還好的產品。」、「我已經四處看過了，沒有人生產過這種產品。」、「我會把生產這種產品的想法告訴你，但我想要的是二十五%的利潤。」、「我已經為此（產品、書、樂譜、發明）工作多年了。」

這些話通常是從現金流象限左側，即E或S象限的人口中說出來。

這時候，態度溫和是很重要的，因為我們正在面對的是歷經多年或是幾代相傳、根深蒂固的基本價值觀和看法。如果我不夠溫和或有耐心，可能會因此毀掉一個脆弱而敏感的想法，更重要的是，我可能會毀掉一個準備轉變到另一個象限中的人。

為了做到態度溫和這點，交談中，我經常使用「麥當勞漢堡」的案例進行說明。聽完他們的談話後，我會慢條斯理地問：「你能做出比麥當勞漢堡更好的漢堡嗎？」

到目前為止，那些與我談過有新想法或產品的人，百分之百會回答「可以」。他們能準備、烹製並提供比麥當勞漢堡更好的漢堡。

這時，我會再問他們一個問題：「你能建立起比麥當勞更好的企業系統嗎？」

有些人立刻便看出不同，有些人則看不出什麼。產生差異的原因就在於，這個人的思維是固定在象限的左邊，也就是只關注如何做更好的漢堡；或在象限的右邊，關注於企業系統。

我想說明的是，許多企業家提供的產品或服務，要比那些財大氣粗的跨國公司提供的要好，就像有幾十億人能做出比麥當勞更好的漢堡一樣，但只有麥當勞擁有能提供幾十億個漢堡的企業系統。

如果人們開始注意到象限的另一邊，這時我建議他們去麥當勞，買個漢堡，坐在那兒，觀察運送漢堡的系統。記下運送漢堡麵包的卡車、提供牛肉的牧場主、購買牛肉的人，以及麥當勞的電視廣告。注意他們訓練並要求新進人員說的一句話——「你好，歡迎光臨麥當勞」，以及專賣店的裝潢、區域辦公室、烤製麵包的麵包房，和那幾百萬公斤、全世界吃起來味道都一樣的薯條，然後搜集那些在華爾街上為麥當勞融資的證券經紀人的名字。如果你能夠開始了解整個畫面，你就有可能轉變到象限的「B」或「I」。

事實上，世上存在著無數的新想法，有幾十億人能夠提供服務或產品，甚至是幾百萬種產品，但僅有少數人知道如何建立卓越的企業系統。

微軟的比爾．蓋茲本身沒有創造出偉大的產品，他買來別人的產品，並以它為基礎，建造出強有力的全球系統。

4. I（Investor，投資者）

投資者用錢賺錢。他們不必工作，因為他們的錢在為他們工作。

I象限是有錢人的遊戲場。不管人們在哪個象限中賺錢，如果他們希望有一天變得富有，最後還是要進入「I」。在I象限，錢變成財富。

這就是現金流象限。該象限簡單區分出收入的不同來源，不論是作為E（員工）、S（自由工作者）、B（企業主），還是I（投資者）。其差別如下圖。

獲得財富的祕訣

很多人聽過獲得鉅額財富的祕訣是：

1. OPT：Other People's Time的縮寫，即：他人的時間。
2. OPM：Other People's Money的縮寫，即：他人的金錢。

OPT和OPM在象限右邊可以找到。在大多情況下，在象限左邊工作的人，就是那些OP（other people，他人），他們的時間和金錢被利用了。

金和我花費時間建立B型企業，而不是S型企業，主要原因之一是我們認知到，使用他人的時間可獲得長期收益。做一名成功「S」，缺點是成功意味著更多的辛苦工作。換句話說，S型企業越出色，越有可能導致更辛苦的工作和更長的工作時間。在設計B型企業時，成功意味著擴大系統，雇用更多的人。換句話說，你會工作得更少，賺的錢卻更多，享受的自由時間更長。

本書將介紹更多象限右邊所需的技能和思維。我在象限右邊獲得成功的經驗，就是有不同的思考方式和技術技能。如果你能夠靈活改變思考方式，我想你將發現，獲得更大的財務安全或財務自由是很容易的。但對於另一些人，這過程可能非常困難，因為他們固執僵化於一個象限的一種思維。

至少，你會發現為什麼有些人工作得很少，卻能賺很多錢、繳很少的稅，而且他們在財務上還比他人更安全。答案很簡單，因為他們知道應該在哪個象限中工作，以及何時進入這個象限。

現金流象限理論不是必須遵循的規則，但它能指導希望不斷改善自己財務狀況的人。現金流象限曾引導我和金走出財務困境，獲得財務安全，最後達到財務自由。我們之所以會接受並受到影響，是因為我們不希望把生活中的每一天都用在上班並為錢工作。

富人與其他人的區別

幾年前，我從一篇文章中得知，最富有的人有七〇%以上的收入來自投資，也就是I象限，不到三〇%的收入來自薪資，即E象限。而且，如果他們是員工「E」，那他們就是自己公司的員工。這種人的收入情況如下圖。

對於大多數人、如窮人和中產階級來說，他們的收入中至少有八〇%來自E或S象限的薪水，只有不到二〇%來自投資，即I象限，如下圖。

有錢與富有的區別

在第一章，我寫到金和我在一九八九年成為百萬富翁，但直到一九九四年，我們才實現財務自由，這就是有錢與真正富有之間的區別。在一九八九年，我們的企業為我們賺了很多錢，由於該企業系統不再需要我們出力就能不斷成長，因此我們賺得更多，工作卻更少。我們取得大多數人所認為的財務成功。

但是，我們仍需要把來自企業的現金流轉變成有形資產，以便帶來更多的現金流。因為我們已經將企業經營得很成功，這時需要集中精力增加資產，最後使這些資產帶來比生活支出所需還多的現金流。

我們的計畫如左圖所示。

到一九九四年，我們全部資產所帶來的穩定收入開始超出總支出。這時可以說，我們達到富有的水準了。

事實上，我們的企業也可以被看成是一項資產，因為它能產生收入，而且無需太多實際投入就能運作。但出於個人對財富的認知，我們想確信自己擁有一些有形資產，諸如不動產和股票，以帶來比支出更穩定的收入。因此，我們能實事求是地說，我們很富有。當資產所帶來的收入超過企業所產生的收入時，我們把企業賣給了合夥人。現在，我們真的是很富有了。

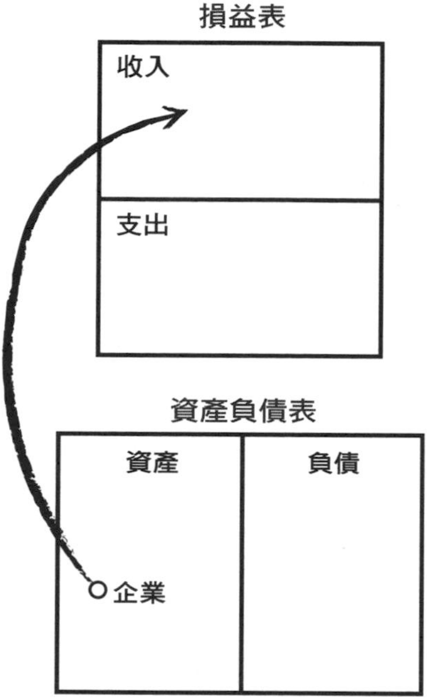

財富的定義在於你能不工作多久

財富的定義是：「不進行體力勞動（或家裡所有人不進行體力勞動），你所能生存並仍然維持生活標準的天數。」

例如：如果你每月花費是五千美元，並且你有二萬美元的儲蓄，那麼，你的財富就是大約四個月，即一百二十天。財富是以時間衡量的，而不是用美元度量。

到一九九四年，金和我已經非常富有（能夠應付巨大的經濟變動），因為我們投資帶來的收入已經遠遠超過月支出。

所以，問題不在於你賺了多少錢，而是你能有多少錢，和這些錢能為你工作多久。

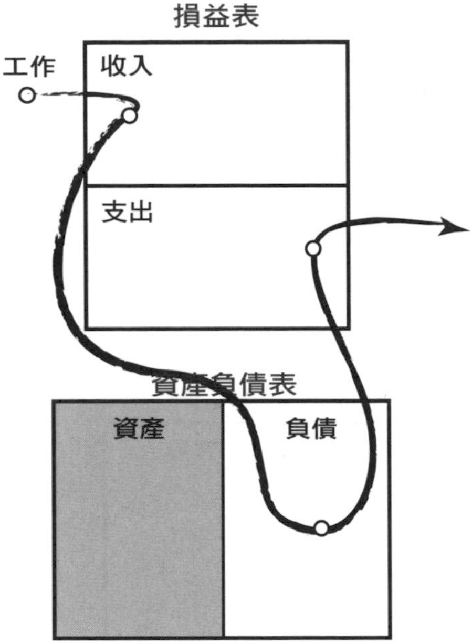

每天我都遇到賺很多錢的人，但他們的錢都被用在支付各種開銷。他們的現金流形式如上圖所示。

每當他們賺到一些錢時，就會去購物。他們通常會買一棟更大的房子或一輛新車，這些導致長期負債和更辛苦的工作，而且他們沒剩下任何錢流入資產項目中。他們賺到的錢消失得如此快，就像服用了某種財務瀉藥，如上圖所示。

在汽車領域，有一種說法叫「把引擎開到紅線檔」。紅線指汽車引擎在不熄火的情況下，所能維持的最快速度。

在個人財務方面，很多人，不論是富人還是窮人，經常處於財務紅線上。無論他們賺多少錢，總是以賺錢的速度花掉。把你的汽車引擎開到紅線檔的麻煩，就在於引擎的預期壽命縮短了，把你的財務狀況推到紅線上，結果也是一樣。

我的幾位醫生朋友總認為，現在最主要的問題是辛苦工作卻永遠缺錢花所帶來的壓力。其中有一位對我說，她最近的健康出現問題，最主要是由被她稱為「錢包癌症」的恐懼心理所引起。

讓錢生錢

不管人們賺多少錢，最後他們都應該投些錢在I象限。I象限適於用錢生錢的想法，或是讓你的錢工作，而你不必工作的想法。當然，了解還有其他投資方式也很重要。

我們還可以在教育上投資。基本教育是非常重要的，因為你接受的教育越好，賺錢機會也就越多。假設平均每人自願工作四十年或更久，四年的大學教育及其他形式的高等教育將是一種非常好的投資。

忠誠和努力工作是另一種投資，例如，公司或政府的終生員工努力工作，作為回報，員工可以透過合約獲得終生津貼。這是工業時代流行的投資方式，但在資訊時代，這種方式已經過時了。

另一些人則投資於大家庭，當他們年老時，作為回報，孩子們會照顧他們。這種投資方式在過去是一種準則，然而現在，由於經濟約束，單靠家庭的力量將越來越難以應付父母的生活費和醫療支出。

政府退休計畫，譬如美國社會保障和醫療保險金通常透過在薪資單上扣除的方式支付，是一種由法律監管的投資方式。但由於人口結構和費用額的巨大變化，這種投資方式也許不能信守一些承諾。

還有獨立的退休投資工具，我們稱之為個人退休計畫。聯邦政府透過向雇主和員工提供稅收優惠刺激，鼓勵他們參加這樣的計畫。在美國，一個較流行的退休計畫叫「401(K)退休計畫」。在一些國家，如澳洲，有一種他們稱之為「超級年金」的退休計畫。

投資與儲蓄的差別

雖然上面介紹了一些投資方式，但真正屬於I象限的人，往往喜歡在做其他工作的同時，透過某種投資帶來收入。因此，確定一個人是否有資格處於I象限中，使用的衡量標準與其他象限的衡量標準相同。請回答：目前你是從I象限中獲得收入嗎？換句話說，你的錢在為你工作嗎？你的錢在為你帶來收入嗎？

讓我們來看，有一個人買了一棟房子作為投資，並把它租出去，如果獲得的租金多於經營房屋所付出的成本，那麼收入就是來自I象限。同樣地，對於從儲蓄中獲得利息收入或從股票和債券中獲得紅利的人來說，他們的收入也是出自I象限。因此，衡量I象限資格的標準，就是你有多少收入是來自於無須工作的象限。

定期把錢存入退休帳戶是E象限的人最受到鼓勵的投資方法。這種退休計畫並非完全沒有風險，而且就算有所得，報酬率也絕對無法讓你財務自由。我們大多數人希望在停止工作時，被看成是投資者，但在本書，I象限就代表著這種人，他們的投資收入在工作時就已產生。事實上，大多數人不是投資於退休帳戶，而是往帳戶裡存錢，希望等到退休時，能拿到比存入更多的錢。把錢存入退休帳戶和透過投資、積極用錢生出更多錢之間，仍有其不同之處。

有些證券經紀人自己都不投資

很多人是投資業的顧問，但依照定義，他們不是真正從I象限獲得收入的人。例如，大多證券經紀人、不動產代理商、財務顧問、銀行家和會計師主要是「E」或「S」。換句話說，他們的收入來自專業工作，而不一定是來自他們擁有的資產。

我有些朋友是股票交易商，他們低價買入股票，希望高價賣出。事實上，他們的職業等於是貿易，就像一個人擁有一個零售商店，成批的買進商品，然後將商品零售出去。他們仍然需要付出勞動以獲得金錢，因此，他們更適合S象限，而不是「I」。

那這些人都是投資者嗎？答案是肯定的，但是靠賺取佣金、出售或提供建議獲得薪水，或是靠低買高賣來賺錢的投資者，和靠投資或創造良好投資機會來賺錢的人有差別。有一種辦法可以檢測你的投資顧問的水準，即：在他們的收入中，百分之幾來自佣金或諮詢費，百分之幾來自投資或他們所擁有的企業產生的被動收入。

我有些會計師朋友在沒有侵犯客戶隱私的情況下告訴我，許多專業投資顧問幾乎沒有來自投資的收入。換句話說，他們不做他們鼓吹的事情。

因此，從I象限賺錢的人，主要特點是他們集中精力在以錢賺錢。如果擅長此技，他們能讓錢為他們及他們的家人工作幾百年。

除了知道如何用錢賺錢和不必早起摸黑上班等這些明顯的好處外，還有許多稅收方面的優惠，是那些不得不靠工作賺錢的人無法享受的。

富有的人變得更富有的原因之一，是他們有時能賺到幾百萬美元，而且能合法地不為這筆錢納稅。因為他們靠資產賺錢，而不是靠收入；或者說，他們是作為投資者而非工人在賺錢。而那些靠工作賺錢的人，不僅要以較高的稅率繳稅，而且稅金還會直接從薪水中扣除，他們甚至從來沒有看過這部分的收入。

做得少卻賺得多，為什麼大多數人不當投資者？

「I」是這樣的象限：工作很少，賺錢很多，且付稅較少。那麼，為什麼大家不去做投資者呢？原因與為什麼很多人不創業一樣，概括成兩個字就是：風險。

很多人不希望把自己辛苦賺來的錢，都投資出去且收不回來，他們是如此害怕損失，於是選擇完全不投資或不冒險，無論他們能賺回多少錢。一位好萊塢名人曾說：「我擔心的不是投資能帶來多少收入，而是投資能否回收。」

從對賠錢的恐懼角度來看，可以把投資者分為四大類：

1. **厭惡風險者。**對他們來說，最重要的是安全穩妥，他們寧願把錢放在銀行裡。
2. **請人代為投資者。**這種人會把錢交給別人，例如：財務顧問或理專。
3. **投機者。**
4. **投資者。**

投機者和投資者之間的區別在於：對投機者來說，投資是一種隨機遊戲；對於投資者，投資是一種技能遊戲。而對於把錢轉交給別人投資的人，投資通常是一種他們不想學習的遊戲。對這些人來說，最重要的是仔細挑選投資顧問。

關於投資的好消息是風險能被最小化，甚至被消除，而且只要你真正了解遊戲規則，你就能從投資中得到高回報。

真正的投資者想快速收回他們的投資成本，而擁有退休帳戶的人，不得不等到多年後才能查明錢是否收得回來，這是職業投資人和把錢存入退休帳戶的投資人之間最大的差別。正是對賠錢的恐懼導致大多數人尋求保障。然而I象限並不像人們想像的那樣不安全，I象限與其他象限一樣，有自己的技能和思考方式。如果你願意花時間學習，可以學會在I象限獲得成功所需的技能。

新時代的開始

一九八九年，柏林圍牆倒塌，共產主義也隨之崩盤。以我的觀點，這次事件意味著工業時代的結束和資訊時代的到來。

工業時代開始的時間，大致與一四九二年哥倫布航海遠行的時間一致，一九八九年柏林圍牆倒塌，代表這個時代的結束。基於某種原因，在現代歷史上，每五百年就會發生一次偉大而劇烈的變化，我們現在正處於這樣的時期。

這種變化已經威脅到幾億人的財務安全，很多人還沒意識到這種變化將對經濟產生多麼重大的影響。這種變化可以在工業時代和資訊時代退休金計畫的差別中找到。

在我小時候，富爸爸鼓勵我用自己的錢去冒險，並讓我學習投資。他總是說：「如果你想有錢，你需要學會如何冒險，學會成為一名投資者。」

回到家裡，我告訴有學問的爸爸，關於富爸爸的建議，即我們應該學會如何投資和管理風險。有學問的爸爸回答：「我不需要學習如何投資。我有政府的退休金計畫、一份來自教師工會的退休金和被擔保的社會保障福利，為什麼我還要拿錢冒險呢？」

爸爸相信工業時代的退休金計畫，如政府員工退休金和社會保障金。因此，當我加入美國海軍陸戰隊時，他很高興。當我去越南時，他也並不擔心我在越戰中可能會丟了性命，只是說：「二十年後，你會得到一份退休金和終生醫療保險。」雖然官方目前仍在使用這樣的退休金計畫，但它顯然已經有些過時。公司將對你退休後的生活負經濟責任，政府也將透過退休金計畫，實現你退休後的需求平衡，但這樣的想法已是不再有效的陳舊觀念。

退休金制度的變化

當我們從確定給付退休金制度（或是我說的工業時代退休金制度）轉變到確定提撥退休金制度（即資訊時代的退休金制度）時，每個人現在必須對自己負起經濟責任。但令人訝異的是，並沒有多少人發現這個變化。

在工業時代，確定給付退休金制度意味著，公司將保證每個員工只要在世就可獲得一筆金額（通常是每月支付）。因為這計畫確保未來的一份穩定收入，所以人們感到有保障。

但在一九七四年，退休勞工收入保障法（ERISA）法案通過後，規則就變了。突然間，當你退休後，公司不再保障你的財務安全，而是開始實施確定提撥退休金制度。確定提撥意味著，你僅能拿回工作期間所提供（貢獻）的價值，也就是說，你的退休金由所貢獻的價值來決定。如果你沒有投入，也拿不到任何一毛錢。在資訊時代可喜的是，人的壽命將會增加；而可悲的是，你可能活得比你能領退休金的日子還長（如果你有退休金的話）。

很多人不了解的是，不論你和雇主在計畫中投了多少錢，在你決定取回時，也不保證能拿得回來，這是因為像「401(K)」和「超級年金」這樣的退休金計畫也會受到市場影響。換句話說，某天你可能在帳戶中存有一百萬美元，如果股市下跌，那麼你的一百萬只會剩下一半，或者一文不剩。有了確定提撥退休金制度，終生獲得收入的保證，將一去不復返。

人們今日在六十五歲時退休，開始靠確定提撥退休金生活，假設到了七十五歲，他們花光了所有的錢，這時他們又該怎麼辦？重新開始投履歷表？

另外，政府的確定給付退休金制度又如何呢？在美國，社會保障金制度預期到二〇三七年就會破產，醫療保險制度預計到二〇一七年就會破產。即使在今天，社會保障金也不能提供很多收入。當七千七百萬的戰後嬰兒潮開始要回他們過去投入的錢，但錢並不在那兒時，天知道情況將會怎樣？

一九九八年，柯林頓總統因呼籲「拯救社會保障金制度」而受到廣泛歡迎。然而，正如民主黨參議員霍林斯所說：「很明顯地，挽救社會保障金制度的第一種辦法，就是停止掠奪它。」多年以來，聯邦政府應對從退休基金借錢以應付日益膨脹的政府開支的做法負責，這是一種政府制定的龐氏騙局。

許多政客似乎認為，社會保障金是能用來花費的收入，而不是一項以信託方式保留下來的別人的資產。

無法實現承諾的政府

我寫書並且創造教育桌遊「現金流」等產品，是因為工業時代已成為歷史，我們要為資訊時代帶來的機會做好準備。

身為一名公民，我的憂慮是，從我這一代開始，我們沒有做好應對工業時代和資訊時代之間差別的準備，尤其是怎樣為退休做好財務上的準備。那種上學然後找一份穩定安全的工作的想法，對於一九三〇年前出生的人來說是個好主意。然而今天，雖然每個人都需要上學以便找到一份好工作，但我們還是必須知道如何投資，而目前投資並不是學校會教授的基本科目。

工業時代的一個後患就是有太多人變得依賴政府來解決個人問題。現在，由於政府出面承擔了個人應承擔的財務責任，以至於我們面臨的問題將更為嚴重。

在二〇二〇年，美國有三．二九億人口，其中將有一億人期望獲得某種政府支援。這些人包括聯邦員工、軍隊退役人員、郵政工人、學校教師和其他政府員工，以及期待社會保障金和醫療保險金的退休人員。並且，按照合約，他們這種期待是正確的，因為透過此種或彼種方式，大多數人都已經在投資這種承諾。多年來的承諾現在都快要開始兌付了。

然而，我認為這些財務承諾實難兌付。如果政府開始徵收更多的稅以信守這些承諾，那麼能逃離的人都將逃往稅率較低的國家。在資訊時代，對於謀稅領域來說，「離岸」這個術語，將不再是指另一個國家，「離岸」可能是指電子空間。

我想起甘迺迪總統的警句——「巨大的變化就在眼前。」的確，這個變化就在我們身邊。

就像在生育高峰期出生的預言家，在他那首名為《時代在改變》的歌中唱到：「你最好學會游泳，否則你會像石頭一樣下沉。」

不成為投資者的投資

從確定給付變為確定提撥退休金制度正在迫使世上幾百萬人成為投資者，而這些人幾乎沒有受過任何投資方面的教育。許多人終其一生避免財務風險，現在卻不得不承受這些財務風險隨著生活的進展、年齡的增長和工作的結束而來。大部分人只有在退休時才會知道他們是聰明的投資者還是粗心的投機者。

今天，股市是一個世界性話題，它刺激著許多事情發生，其中之一就是非投資者在盡力成為投資者。他們的財務路徑如下圖。

這些人，即「E」和「S」中絕大部分人，是天生的安全導向型，因此他們尋求有保障的工作或職業，或者開辦他們能控制的小企業。現在，由於確定提撥退休金制度，他們正在移向I象限，希望在退休時能在那裡找到安全與保障。不幸的是，I象限的特點不在於安全性，而是以風險為特徵。

因為在現金流象限的左側有如此多人在尋找安全，股票市場相應做出了反應。於是，你常常聽到這樣一些話：

1. 多樣化：尋求安全性的人常用多樣化這個詞。為什麼?因為多樣化戰略是一個不虧損的投資戰略。它並不是賺錢的投資戰略，成功或有錢的投資人並不使用多樣化投資戰略，他們更注重自己專一的努力。

華倫·巴菲特是世上最偉大的投資者之一，他這樣評價多樣化：「我們所採用的戰略排除我們標準的多樣化信條，因此，很多權威認為這種戰略的風險一定比大多數傳統的投資者所採用的戰略更大。但我們不同意這種看法。我們相信，證券集中化的策略會使投資者考慮一系列問題，如企業的強度、投資者在買進之前對企業的經濟特徵所產生的滿意度，這樣做反而可以減少風險。」

也就是說，華倫·巴菲特認為證券集中化或集中於幾種投資，而不是實行多樣化，是一種更好的投資戰略。他的理念是，集中化而非多樣化的要求在思想和行動上更聰明、更激進。他在文章中寫到，普通投資人避免波動是因為他們認為波動是有風險的，而事實上，真正的投資者喜歡波動。金和我在走出財務困境、尋找財務自由時，也沒有實行多樣化，我們集中在我們的投資。

2.績優股：尋求安全性的投資人通常購買績優股。為什麼呢？因為他們認為這些公司更安全。也許公司很安全，但股票市場不是。這些股票不會在市場大跌時保住你的錢。

3.共同基金：不太懂投資的人覺得把他們的錢交給基金經理會更安全，因為他們希望這些人能做得比他們好。對於那些不想成為職業投資者的人來說，這是一個明智的戰略。問題是，雖然這種做法很聰明，但是，它並不意味著共同基金的風險一定很小。

今天，市場上擠滿了幾百萬尋求安全與保障的人，但是，巨大的經濟變革正迫使他們不得不從現金流象限的左側移向不安全的右邊。這引發了我的擔憂。

學習成為投資者

現在正是巨大的經濟變革時期，這些劇變標誌著舊時代的結束、新時代的開始。在每個時代的末期，都有人向前邁進，有人固守過去。我擔心，對於那些仍期望讓大公司或政府為他們的財務安全負責的人來說，他們會在未來深感失望。他們的信念是工業時代的信念，而不是資訊時代的信念。

沒有人能夠預測未來。我訂閱許多投資資訊服務，每個人的看法都不盡相同，一個說近期前景光明，一個說市場下跌和大蕭條就在眼前。為了保持客觀，兩種看法我都接受，因為都有值得傾聽的觀點。我的角色不是扮演預言家並試圖預測未來，相反地，我在B和I象限中工作學習，為將發生的任何事情做準備。一個有準備的人，無論經濟走向何方，無論何時發生變動，都會獲得成功。

歷史的經驗告訴我們，通常，活到七十五歲的人應該會經歷一次經濟蕭條和兩次大的經濟衰退。我的父母經歷了他們那個時代的蕭條，而在生育高峰時期出生的人還沒。

今天，我們都需要關注工作保障以外的事。我想，我們還需要關心自己的長期財務安全，並且不把責任推給公司或政府。當公司說他們不再為你退休後的生活負責時，時代就真的在改變了。一旦他們轉向確定提撥退休金計畫，這就是在告訴你，你將負責投資自己的退休計畫。因此，今天，我們都需要成為更聰明的投資者，對金融市場的波動變化保持警惕。我建議每個人都應學習成為一名投資者，而不是把錢交給別人替你投資。如果你僅僅是把錢交給某個共同基金或顧問，你或許要等到六十五歲時，才能看出那個人是否有做好他的工作。如果他們做得很糟糕，你將不得不在餘生繼續工作。很多人不得不這樣做，因為對他們來說，投資或者學習投資都已經太晚了。

不要躲避風險，要管理風險

高回報、低風險的投資是可能的，你所要做的就是學會如何做這種投資，其實這並不難。事實上，這就像學騎自行車——剛開始時，你可能會摔跤，但後來，你不再摔倒。對大多數人來說，騎車變成一種後天的本能，投資也是如此。

現金流象限左側存在的問題是，多數人待在那裡是為了躲避金融風險。我的建議是：不要躲避風險，而是要學會如何管理風險。

敢於冒險的人改變世界，幾乎沒有不冒風險就變富有的人，但太多人依賴政府消除生活風險，正如我們所了解的那樣。資訊時代的開始，正是大政府時代的結束，大政府太昂貴了，世上很多依靠特權和退休金生活的人，在經濟上都將被遠遠拋開。資訊時代意味著我們都要變得更自給自足，變得更成熟，為自己的退休負責。

「刻苦學習，然後找份安全而有保障的工作」的想法產生於工業時代，而我們將不再處於那個時代。儘管時光一直往前走，但還是有很多人並未改變。他們認為，他們應被賦予某些東西，許多人甚至認為I象限與他們無關。他們理所當然地認為，當他們退休時，政府或大企業、工會或共同基金會照顧他們。對於這些人，我真誠希望他們是對的。他們也大可不必再繼續閱讀本書。

如果你已經實現財務自由，那麼，我要說「恭喜你」，並請把你的經歷告訴別人，並在他們願意的情況下指導他們，幫助他們找到自己的路。

不管你的決定如何，請記住，財務自由來之不易。這種自由是有價的，但對我來說，它值這個價。最大的祕訣是：通向財務自由之路不用花很多錢，也不一定非要受多高等的教育不可，甚至也沒有太大的風險。這種自由的價格，是用我們的夢想、渴望和克服失意的能力來計量的。你願意支付這個價格嗎？

我的一個父親支付了這個價格，另一個卻沒有；他支付的是另外一種不同的價格。

B象限的提問

你是企業主嗎？

如果你對以下問題的答案是「Yes」，你就是真正的企業主。

「如果你離開企業一年，當你回來時，你會發現企業的獲利及營運比你離開時都更好嗎？」

□ Yes

□ No

第三章

人們為什麼選擇安全，而不選擇自由

很多人都想擁有鐵飯碗般的工作，但他們只是在聽從學校和家長的教導罷了。

我的兩個爸爸都建議我上大學並取得大學學位。但是當我獲得學位後，他們的建議就不同了。

我那個有學問的爸爸經常說：「上學，考高分，然後找份安全有保障的好工作。」他建議的生活道路位於象限的左側，如下圖所示。

我那個很富有的爸爸卻說：「上學，考高分，然後開創你自己的公司。」他的建議位於象限的右側。

他們的建議是不同的，因為一個關心職業保障，另一個則更關心財務自由。

你要安全還是自由？

人們尋求職業保障的主要原因是，他們在家裡和在學校，就已被告知要尋求的是什麼。至今為止，很多人仍在不假思索地聽從這種建議。許多人從小就被告知要先考慮工作上的安全，而不是財務安全或財務自由。並且由於大多數人在家或學校沒有學到多少關於金錢方面的知識，甚至根本沒學到，大多數人更堅信工作安全的觀念，而不是去追求財務自由。

如果你觀察現下圖的金流象限，你會發現，象限左側的出發點是安全，而象限右側的出發點是自由。

社會上有九〇%的人在象限左側工作，因為左側所需的技能是人們在學校裡學過的。當左邊的人離開學校時，他們很快就陷入債務之中，導致必須與工作

或職業保障聯繫得更緊密，好支付各種帳單。

我經常遇到一些靠學校貸款完成學業的年輕人。其中有幾個人說，當他們看到自己為了接受大學教育，欠了幾千至幾萬美元的債務時，感到非常沮喪。如果父母為他們繳學費，那麼父母又會處於財務緊張的狀態多年。

最近我讀到這樣的消息：目前大部分美國人在讀書時已經開始使用信用卡，並在此後的人生中一直欠債，這是因為他們都還跟隨著工業時代開始流行的劇本。

你停不下來，因為你得為安全買單

如果我們觀察那些受過教育的普通人，會發現他們的財務劇本通常是這樣：上學，畢業，找工作，開始賺錢和消費。此時的年輕人已經能支付得起房租、電視、新衣服、一些家具，當然還有一輛車，不過帳單也是接踵而至。有一天，年輕人遇到某個特別的人，兩人一見鍾情，墜入情網，然後結婚。一段時間內，他們生活得很幸福，因為兩個人的生活費用和一個人的花費差不多，並且兩個人都有工作，使他們有了雙份的收入。於是，他們能拿些錢出來，購買年輕人嚮往的東西，如自己的房子。他們找到理想的房子，並拿出儲蓄支付了頭期款，然後他們使用抵押貸款，按月支付房款。因為他們有了一棟新房子，於是新的家具又成為下一個目標。他們又找到一家家具店，那充滿魔力的廣告詞說：免頭期款，只需每月輕鬆支付。

生活是美妙的，這時他們舉辦晚會，把所有朋友都找來參觀新家、新車、新家具和新玩具，但他們卻沒有意識到，這些將導致他們在餘生中背負多麼沉重的債務。接著，他們的第一個孩子出生了。

這對教育良好、工作努力的普通夫婦在把孩子交給幼稚園之後，必須節省開支，努力工作。他們變得必須尋求職業保障，否則他們不到三個月就會破產。你經常會聽到這些人說：「我不能停下來，我有帳單要付。」

安全帶來的陷阱

我能從富爸爸那裡學到很多東西的原因之一，就是他有閒暇時間來教我，隨著他的日益成功，閒暇和錢也越來越多。生意越好，他就越不用辛勤工作，他的總裁完全可以幫他發展、壯大公司，並雇用更多的人。假如投資順利，他會再投資並賺更多錢，而這份成功又帶給他更多的自由來教我和他的兒子，關於企業和投資的更多事情。我從他身上學到的財務知識，遠比從學校學到的多，這中間包括在現金流象限右側——B和I象限工作所需的基本技能。

我有學問的爸爸也很努力工作，但他是在現金流象限左側工作。由於他的努力，他獲得提升並承擔更多工作，他花在孩子們身上的時間越來越少。他早上七點上班，多數時候，當他下班回到家時都已經太晚，我們早就睡了。這就是你在現金流象限左側辛苦工作，獲得成功的結果：成功使你的閒暇越來越少，儘管閒暇換來的是更多的快樂和金錢。

金錢陷阱

象限右側的成功需要有關金錢的知識，即「財務ＩＱ」（編註：讀者若想進一步了解可參考《富爸爸理財ＩＱ：愈精明，愈有錢》一書。書中提到五大財務ＩＱ，分別是：財務ＩＱ＃1：賺更多更多錢；財務ＩＱ＃2：保護好你的錢；財務ＩＱ＃3：錢都編列預算；財務ＩＱ＃4：懂得用錢賺錢；財務ＩＱ＃5：善用理財資訊）。富爸爸是這樣定義財務ＩＱ的：「財務ＩＱ不是你賺了多少錢，而是你保有多少錢、錢為你工作的努力程度，以及你的錢能維持幾代。」

象限右側的成功的確需要財務ＩＱ，如果人們缺少基本的財務ＩＱ，他們很可能將無法在象限右側生存。

我的富爸爸善於理財，樂於與他人合作。他必須這樣，因為他要賺錢，要管理盡可能少的人，以便維持低成本並保持高利潤。這些是在象限右側獲得成功的必須技能。

正如富爸爸一再向我強調的，房子不是一項資產，而是一項負債。他藉由教我們財務知識並讓我們讀懂這些數字來證明這點。

我那有學問的爸爸在工作中不必管理錢與人，雖然他自認為他管理很多錢和人。身為夏威夷州的教育部長，他是擁有幾百萬美元預算和幾千員工的政府官員，但這不是他創造的錢，而是納稅人的錢。他的工作是花掉它，如果他不花掉這些錢，政府將在來年給他較少的錢，因此每個會計年度快要結束時，他都在想盡辦法花光預算中的錢。這意味著他通常要雇用更多人，去使下一年的預算顯得合理。有趣的是，隨著他雇用的人越多，問題也變得越多。

小時候，看到兩位爸爸的不同境況，我開始決定自己要過什麼樣的生活。

有學問的爸爸非常愛讀書，因此他在文學方面很有造詣，但是他在財務的知識卻十分匱乏。因為他不會讀數字，他必須聽從銀行家和會計師的建議，這兩個人都告訴他，他的房子是一項資產，而且是他最大的投資。

因為有這樣的財務建議，有學問的爸爸不僅工作得更加努力，而且也陷入債務危機之中。每次因努力工作獲得提升時，他的薪水就會增加，而隨著薪水增加，所處的稅率等級也不斷提高。由於他處在較高的稅率等級上，並且六〇、七〇年代時高收入公務員的稅率相當高，所以會計師和銀行家告訴他，應該買一棟更大的房子，這樣他就能夠免除支付利息。他賺了更多錢，但結果是稅賦和負債增加。他取得的成功越大，工作得越努力，他與所愛的家人共同度過的時間就越少。很快地，所有孩子都離開了家，而他仍在努力工作，以便支付所有的帳單。

他總是認為，下一次升遷和加薪將會解決他的財務問題，但他始終沒能意識到，他賺得越多，負債和納稅也越多。

在家和在工作中，他越是窘迫，看起來就越需要依賴職業保障。他越是在情感上依賴工作，越需要薪水付帳單，他就越會鼓勵孩子們去找一份更穩定、更有保障的工作。他越感到不安全，就越是尋找安全感。

你賺越多，支出也越多

因為我爸爸不會讀財務報表，因此，當他日益成功時，無法看到自己的財務困境。我看到很多其他像他一樣努力工作的成功人士陷入了相同的財務困境。

這麼多人為錢掙扎，原因就在於每當他們賺到更多錢時，就會增加兩項最大的支出：1.稅金；2.債務利息。

事實上，政府存在著稅收漏洞，並因此使你陷入更深的債務危機中，這難道不會引起你的疑問嗎？

就像我的富爸爸對財務ＩＱ的定義一樣：「財務ＩＱ不是指你賺多少錢，而是指你有多少錢、這些錢為你工作的努力程度，以及你的錢能維持幾代。」

我那努力工作並有學問的爸爸去世後，政府對他所剩無多的錢徵收了遺產稅。

尋找自由

我知道，很多人在尋找財務自由和生活幸福。問題是，大多數人沒有被訓練得適合在B和I象限中工作。由於缺乏訓練和追求工作保障，以及不斷增加的債務，使大多數人把對財務自由的追求限制在現金流象限的左側。不幸的是，財務安全或財務自由很少在「E」或「S」中出現，真正的安全和自由位於右側。

改變象限不是換工作

現金流象限對追蹤或觀察一個人的生活方式很有幫助。許多人終其一生尋找財務安全或自由，但最後只是從一個工作轉到另一個工作。例如：我有一個高中時代的朋友，每五年我都會收到一封他的來信。開始時他總是很興奮，因為他已經找到非常滿意的工作，他欣喜若狂，因為那是他心中夢想的公司。他如此熱愛他的公司，喜歡工作，也擁有一個重要職位，薪水豐厚。公司員工能幹，福利很好，晉升的機會也很多。

但是在四年半前，我又收到他的來信，這時，他很失望。他說，他的公司貪污腐敗，沒有信譽；他們不尊敬員工；他討厭他的老闆；他錯過了一次升職機會，而且他們給他的薪水太少。怎知六個月後，他又高興起來了，因為他發現另一份非常滿意的工作。然後又開始另一個循環。

他的生活經歷讓我感覺就像一隻狗在追自己的尾巴一樣，如下圖所示。

他的生活方式是從一個工作到另一個工作，他一直生活得很好，因為他很精明，有魅力且有個性。但

是時間在追趕他，更年輕的人正在得到他過去的工作。他有幾千美元的儲蓄，沒有任何退休基金，有一棟他永遠無法擁有的住房，需要支付孩子的撫養費和未來的大學學費。他最小的孩子八歲，目前和他的前妻生活；最大的孩子十四歲，和他一起生活。

他過去總是對我說：「我不用擔心，我還年輕，我有時間。」我想知道現在他是否還會這樣說。以我的觀點，他需要認真考慮開始迅速轉向B或I象限。他需要開始新的生活和新的教育過程，除非他走運贏了彩券，或者找一個有錢的女人結婚，否則他有生之年都得努力工作。

做自己的事情：E變成S

另一種常見的方式，是一個人從「E」變成「S」。在目前這個公司規模急劇縮小的時代，許多人離開所在的大公司，開創自己的事業。這是所謂「家庭企業」的繁榮時期。很多人決定「開創自己的企業」，「做自己的事情」和「做自己的老闆」，他們的職業路徑如下圖。

在所有生活路徑中，這一種我最有感受。「S」的回報雖然可以很高，但風險也最大。我認為它是最困難的象限，失敗率很高。如果你停留在這個象限，成功甚至比失敗還糟。因為如果你是成功的「S」，你將要比在其他任何象限都更努力工作——而且要長期努力工作。

「S」工作得最努力的原因是，他們是典型的大廚師兼洗碗工。他們必須做所有的工作或負責所有的事務，而這些工作在較大的公司，將由許多經理和員工完成。剛工作的「S」通常要回電話、付帳單、打推銷電話、盡力做低價廣告、接待顧客、招聘職員、解雇職員、當職員不在時填補空缺、與稅務人員交涉、面對政府檢查官等。

就個人而言，每當我聽到某人說他們將開辦自己的事業時，我就感到畏縮。我希望他們一切都順利，但是我非常擔心。我見過許多「E」用一生積蓄或向朋友、家人借錢，開辦自己的事業。經過三年左右的掙扎和艱苦工作，事業倒閉了，不但沒有終生儲蓄，還有債務需要償還。

就全國來講，這種企業每十家中就會有九家在五年內以失敗告終。而生存下來的那一家，在下一個五年內，又以每十家中就有九家失敗的比例告終。也就是說，一百家小企業中，有九十九家將在十年內後消失。

我想，大多數企業在第一個五年中失敗的原因是缺少經驗和資金，唯一的倖存者在第二個五年失敗的原因則不再是缺少資金，而是缺少精力。長時期努力工作最後毀了這個人，很多「S」常感到精疲力盡。

對於最後生存下來的那些人來說，他們似乎已經習慣早起上班和努力工作，這似乎是他們知道的全部事情。

一位朋友的父母告訴我一件事。四十五年來，他們花了很多時間經營位於街角的酒類專賣店。當附近犯罪活動增加時，他們不得不在門窗上安裝鐵柵欄。現在，錢要從一個夾縫中遞入遞出，就像銀行那樣。我偶爾順路拜訪他們，他們是那種親切而友好的人，但看到他們像囚犯一樣，從上午十點到凌晨兩點，一直待在自己的店裡，躲在鐵柵欄後工作，我心裡就覺得難過。

很多聰明的「S」在他們精疲力竭之前、即高峰時期，會將企業賣給有精力和資金的人。他們休息一段時間後，會開始新的事業。他們一直在做自己的事，並且熱愛這種生活。但是，關鍵是他們必須清楚何時應該退出。

給孩子最差的建議

如果你是在一九三〇年以前出生的，那麼「上學，考高分，找份穩定有保障的工作」

是個好建議。但是如果你在一九三〇年後出生，這可不是個好建議。

為什麼呢？答案是：1.稅金；2.負債。對於那些在E象限工作賺錢的人來說，實際上沒有什麼稅金漏洞可鑽。在今天的美國，做一名員工就意味著你是一個與政府進行對半分紅的合夥人，政府最後將拿走員工收入的五〇%或者更多，而且這部分錢的大部分，甚至是在員工看到薪水條前就被拿走了。

如果考慮到政府的稅收漏洞只會使你進一步陷入債務危機中，通往財務自由的道路對大部分E和S象限的人來說，實際上是不可能的。我經常聽到會計師對在E象限中賺到更多錢的客戶說，他們應該去買一棟更大的住屋，以便能獲得較大的稅收減免。或許這種做法對於處在現金流象限左側的人來說有點用，但對於右側的人來說已經毫無意義。

誰繳最多稅？

富人繳納較少的所得稅。為什麼會這樣？因為他們不是以一個員工的方式賺錢。非常富有的人知道，最好的合法避稅方法是在B和I象限中創造收入。

如果人們在E象限中賺錢，那麼他們唯一可鑽的稅金漏洞就是購買大房子，並增加負債。從現金流象限右側來看，這種做法在財務上並不明智。對於象限右側的人來說，這就等於「給我一美元，我還你五十美分」。

稅收本來就是不公平的

我常常聽人說：「不納稅就不是美國公民。」這樣講的美國人似乎忘了他們的歷史。美國建國的原由就是源自稅收抗議。他們是不是忘記一七七三年有名的「波士頓傾茶事件」？這次反抗引爆了美國獨立戰爭，都是為了賦稅口號「無代表，不納稅」。這次起義過後，接著是「謝斯起義」、「威士忌起義」、關稅戰爭，以及在美國歷史上發生的諸多事件。

還有兩啟不是在美國上演的著名賦稅抗議事件，但同樣顯示出人們對稅收的強烈反彈。威廉．泰爾的故事是關於抗議賦稅，這就是他被迫射下放在兒子頭上的蘋果的原因。他的懲罰就是把箭靶放在兒子的頭上，置兒子的生命於險境。

另一個是戈黛娃夫人，她懇求她先生麥西亞伯爵降低鎮上的賦稅。先生說如果她願意全身赤裸在鎮上繞行，他就答應降低稅賦。結果她接受了這個條件。

稅收優惠

稅收是現代文明的一種必然結果。當稅收被加以濫用，失去控制時，問題就產生了。尤其是戰後嬰兒潮退休的那幾年。許多人由納稅人變為領取社會保障金的退休者，這就需要徵收更多稅來應付這種轉變。因此，美國和其他大國出現經濟衰退。有錢人會去尋找那些需要他們的錢的國家，而不是留在因為他們有錢而「懲罰」他們的國家。

大誤會

曾經有位報社記者採訪我。言談中，他問我去年賺了多少錢。我回答：「約一百萬美元。」

「那麼你繳了多少稅？」他問。

我說：「分文未繳，這些錢是資本利得，我可

以無限推遲納稅。我按照稅法第一〇三一項進行交易，出售了三項不動產，我從來不碰錢，只是把它再投資到更大的財產上。」幾天後，報紙上刊登出這樣一篇文章：「有錢人賺一百萬美元，並承認沒有納任何稅。」

我確實說了類似的話，但是一些關鍵字被省略掉了，因此扭曲了這條新聞的真實含意。我不知道這名記者是居心叵測，還是他不知道什麼是一〇三一交易條款。不管是什麼原因，這是一個很好的例子，證明了不同象限的人有著不同的觀點。我仍然要說，並不是所有收入都是一樣的，有些收入的確可以比別的收入少納稅。

多數人在意收入而非資產

今天，我仍然聽到人們說：「我要回去上學，這樣才有機會提高薪水。」或者「我得努力工作，這樣才能得到升遷。」

這是集中精力於財務報表的收入項目或現金流象限E象限的人所說的話或所持有的觀點。說這些話的人，將增加收入的一半交給政府，並且為此更努力和更長時間工作。

在後面的章節中，我將解釋現金流象限右側的人是如何將稅轉化為資產，而不是像象限左側的人那樣，只是將稅作為負債。這樣做不是不愛國，而是教人們如何做到合理合法，留住盡可能多的錢。那些人們不抗議稅賦的國家，通常經濟都不太景氣。

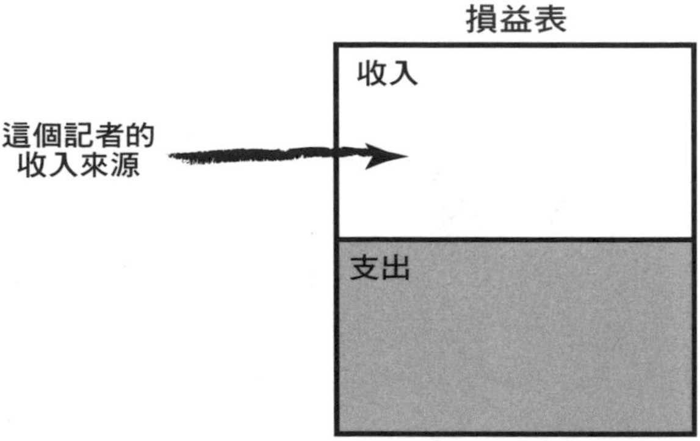

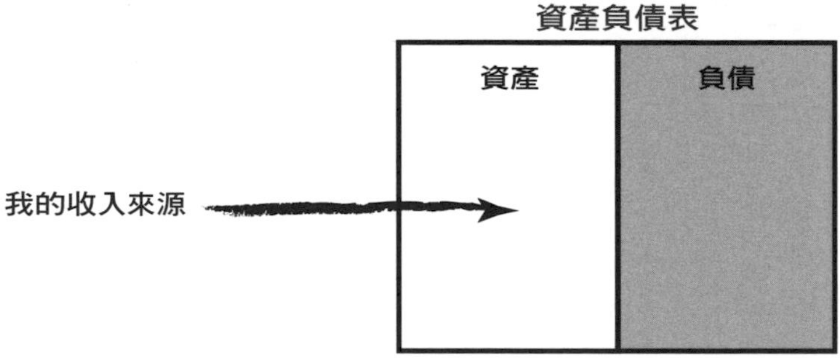

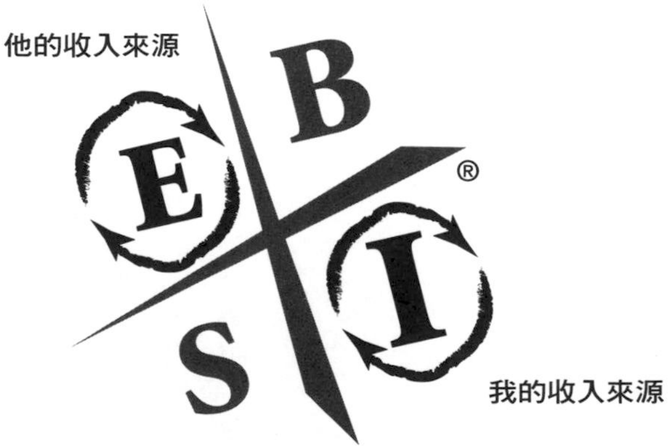

怎樣才能合法地迅速致富

金和我想比較快速從無家可歸的境況達到財務自由，就需要在B和I象限中工作賺錢。只有在右側的象限，你才可能迅速致富。因為在這裡你能合法避稅，留下更多的錢，透過讓這些錢為我們工作，很快獲得財務上的自由。

稅金和負債是大多數人永遠感受不到財務安全或財務自由的兩個主要原因。通向財務安全或自由的路徑位於現金流象限的右側，但是在那裡你會遠離職業保障。你必須跳脫保障，並且了解財務安全和財務自由之間的區別。

對於職業保障、財務安全，以及財務自由，你覺得這三者的差異為何？如你所知，我那有學問的爸爸像他那個年代的大多數人一樣，注重職業保障。他認為，有保障就意味著財務安全，直到他丟了工作，並且無法再找到工作時，他一直是這樣想的。而我的富爸爸從來不談論職業保障，相反地，他談論財務自由。

要獲得你所渴望的那種安全或自由，我們可以先觀察一下現金流象限的各種模式：

1. 職業保障型模式

這種模式的人，通常善於完成工作。很多人花了多年時間讀書，又花了多年時間工作以獲得經驗。問題是，他們幾乎不了解B或I象限。即使他們擁有退休金計畫，他們在財務方面仍沒有安全感，因為他們接受的訓練只是為了獲得職業保障。

知識就是力量

要想在財務上變得更安全，我建議：除了在E或S象限中工作外，人們應該學會在B或I象限中工作。有了能在象限兩邊成功工作的信心，人們就會感到很安全，即使手中的錢很少。知識就是力量，他們所要做的就是等待機會運用知識，然後賺到錢。

這就是為什麼造物主給我們兩條腿。如果我們只有一條腿，我們會感到不穩定和不安全。有了兩個象限中的知識，一個在左，一個在右，我們將會覺得更安全。只了解自己的工作或專業的人，只有一條腿，每當經濟波動時，他們都會比有兩條腿的人搖擺得更厲害。

2.財務安全模式

「E」的財務安全模式圖如左圖❶。

這個圖形說明，這類人不只是把錢存入退休金帳戶，並期待著最好的結果，他們相信所受的教育，會使他們既成為投資者，又成為員工。正如我們在學校裡學習一種職業技能一樣，我建議你們試著去學習成為一名專業投資者。

那名記者對我用資產專案賺到一百萬美元並且不納任何稅深感不滿，但他就是不問一問：「你是怎麼賺到一百萬美元的？」

對我來說，這才是真正的問題。合法避稅很容易，賺一百萬美元卻不簡單。

通往財務安全的另一條路徑如左圖❷。

對於「S」，財務安全模式如左圖❸。

圖❶

圖❷

圖❸

一般來說，美國的百萬富翁都是自由工作者，生活節儉，長期進行投資。上面的模式反映了這樣的財務生活路徑。

下圖這條路徑，即從「S」到「B」，通常是許多偉大企業家，如比爾・蓋茲所採用的。這不是一條最容易的路徑，但我認為這是最好的路徑之一。

兩個好過一個

在第二章，我列舉了一個事實，即平均來看，富人的收入中有七〇%來自象限右側，三〇%來自象限左側。我發現，無論人們賺多少錢，如果他們在多個象限中工作，就會覺得更安全。要獲得財務安全就得安全地把腳放在象限兩側。

我有兩個朋友，分別在現金流象限的兩側取得成功。他們既享有很多福利及職業保障，同時在象限右側也獲得巨大的經濟財富。他們兩人都是為市政府工作的消防隊員，有不錯的穩定收入、很好的福利和退休金計畫，並且每週只需工作兩天，另外三天，他們作為職業投資者工作。最後兩天，他們休息，與家人和朋友在一起。

其中一個朋友買了一棟舊房子，他把房子修好，然後租出去。在我寫這本書時，他已經擁有四十五棟房屋，扣除負債、稅收、維修費、管理費和保險費後，每月淨收是一萬美元。作為消防隊員，他每月賺三千五百美元，因此他的月總收入超過一萬三千美元，年收入約為十五萬美元，而且這個數字還在增加。他離退休還有五年多時間，他的目標是在五十六歲時，年收入達到二十萬美元。對於一個有四個孩子的政府員工來說，收入頗豐。

另一個朋友則是把時間花在分析公司業績、買賣股票和期權的長期差價上。他的資產組合現在已經超過三百萬美元。如果他把它們都換成現金，每年收取一〇%的利息。在排除市場發生重大變化的情況下，他的年收入將為三十萬美元，而且終生不變。這對於一個只有兩個孩子的政府員工來說，情況非常不錯。

這兩位朋友將從他們二十年的投資中獲得足夠的資本收入，一直到四十歲退休。他們也都喜歡自己的工作，並且想在退休時，從地方政府那裡領取豐厚的福利金。到那時，他們將會很自由，因為他們將享受象限兩邊同時獲得成功所帶來的收益。

錢本身不能帶來安全

我遇過很多人，他們的退休帳戶中有幾百萬美元，但是他們仍然感到不安全。這是為什麼呢？因為那些是來自他們工作或企業的錢。他們通常把錢投資在退休帳戶中，但是對投資卻一無所悉，如果這筆錢消失了，他們也退休了，該怎麼辦？

當經濟產生大變動時，都會有很大的財富轉移。就算你沒有很多錢，還是需要投資在教育上，因為當改變來臨時，你會有更好的準備來應對變革。不要事到臨頭渾然不覺，或者擔心恐懼。如同我說的，沒有人能預期會發生什麼事，所以最好能有所準備，以應變任何狀況。這就意謂著現在開始接受教育。

3. 財務自由模式

這是富爸爸推薦的模式，它是通向財務自由的途徑。這是真正的財務自由，因為在B象限中，人們為你工作，而在I象限中，你的錢為你工作。你可以自由挑選有興趣的工作，或者乾脆選擇不工作。擁有這兩個象限的知識會使你獲得完全的財務自由。

如果你觀察那些特別有錢的人，你會發現這是他們在象限中的模式。圍繞「B」和「I」的環形顯示出微軟的比爾．蓋茲、傳媒大亨梅鐸、華倫．巴菲特的收入模式。

不過要小心，Ｂ象限與Ｉ象限大不相同。我見過很多成功的「Ｂ」以幾百萬美元的價格賣掉他們的企業，以求獲得新的財富。他們認為他們擁有的美元代表了他們財務ＩＱ的水準，所以匆忙轉向Ｉ象限，並把錢全部賠掉。其實所有這些象限的遊戲規則都不同，因此我始終強調教育投資的重要性。

如同財務保障的例子一樣，跨足兩個象限能讓你在財務自由的世界中更加穩固。

人們可以選擇不同的財務路徑，遺憾的是，大多數人僅選擇職業保障路徑。當經濟開始波動時，他們通常更加依賴保障，他們終生都在尋求職業保障。

但我仍建議至少應掌握一些財務安全的知識，即是對工作和任何時候的投資能力充滿自信。一個很重要的祕訣是，真正的投資者在不利的市場中賺到的錢更多。他們能賺到錢，是因為非投資者在他們應該買進的時候匆忙賣出。因此我並不擔心可能到來的經濟變動，因為變動意味著財富的轉移。

你的老闆無法使你富有

我的一個朋友賣掉他的公司，在這次交易中，他獲得了一千五百萬美元，但他的員工卻不得不另找新的工作。

告別晚會充滿著悲傷的氣氛，但也隱藏著極端的氣憤和憎恨。雖然多年來，他給員工們的薪水很高，但大部分人的財務狀況並沒有得到改善。很多人認識到，多年來當他們賺錢、付帳單時，老闆卻變得更富裕。

事實也正是如此：老闆的工作並不是使你富裕，而是確保你得到薪水。致富是你自己的事，如果你有這樣的意願，並且，這件事應該開始於你接受薪水的那一刻起。如果你理財的技能很糟糕，即便是全世界的錢也救不了你；如果你理財有方，並且學習到B和I象限的知識，那麼你將獲得巨大的個人財富，還有最重要的財務自由。

我的富爸爸過去常對我們說：「富人和窮人之間的唯一差別，就是他們在閒暇時間裡所做的事情。」

我同意這種看法。我發現人們比以前更忙碌，自由的時間也越來越少。然而，我建議，如果你一定要忙碌，就在象限的兩邊同時忙碌，以便有更好的機會去獲得更多時間和更多財務自由。當你工作時，請努力工作。下班後，用你的薪水和閒暇時間所做的事，將決定你的未來。如果你在左側努力工作，你將會永遠努力工作。如果你堅持在象限右側努力工作，那麼你就有機會獲得自由。

我的建議是：去I象限

位於象限左側的人總是問我：「你有什麼建議？」我要建議的道路，是富爸爸給我的建議。而這路也是羅斯．帕洛特、比爾．蓋茲和其他類似的人所選擇的路。這種路如下圖所示。

我偶爾會聽到這樣的抱怨：「我也想當投資家啊。」

對此，我會這樣回答：「那麼請去I象限。如果你有足夠的錢和很多自由時間，請直接進入I象限。但是如果你的時間和金錢並不多，富爸爸推薦的道路比較安全。」

大多數情況下，人們沒有足夠的時間和金錢，所以他們會問另外一個問題：「為什麼你建議要先到B象限呢？」

討論這個問題通常需要大約一小時的時間，但是我將用下面幾句話概括出理由：

1. 經驗和教育：如果你首先在B象限中獲得成功，你將有更大可能成為一個有力量的「I」。

如果你首先具備了一定的商業意識和知識，你將成為一個很好的投資者，並且能慧眼識別出其他好的「B」。真正的投資者，只在擁有穩定企業系統的成功「B」身上投資。在「E」或「S」身上投資是有風險的，因為他們不知道系統和產品之間的差別，或者他們缺少優秀的領導技能。

2. 現金流：如果你擁有一家企業並且運作良好，那麼，此時你應該有多餘的時間和現金流，支援你在I象限的活動。

我多次遇到「E－S」象限中的人，他們的現金狀況非常緊繃，承受不起任何財務損失。市場一波動，他們就會破產，因為他們的財務一直處在紅線檔。

事實是，投資需要大量的資本和知識。有時需要大筆資金，也需要大量時間才能習得相關知識。很多成功的投資者在成功之前都失敗過許多次。成功者知道，成功是差勁的教師，知識只有在犯錯中才能學到。但在I象限中，錯誤的代價是金錢。如果你缺少知識和資本，那麼試圖成為投資者無異於財務上的自殺。

掌握成為優秀的「B」所需的技能後，你還能為好的投資者提供必須的現金流。作為「B」，你創立的企業將為你提供現金支援，正如你獲得的教育為你成為一個好投資者提供支援一樣。一旦獲得了成為一名成功投資者所需的知識和技能時，你就會理解我說的「賺錢並非總是要先花錢」這句話。

有一個令人振奮的好消息，就是在B象限中獲得成功要比以前容易。就像技術進步使許多事情變得容易一樣，科技也使人在B象限中獲得成功變得更容易。雖然這不像找一份最低薪資的工作那樣輕鬆，但是各種系統正在使越來越人獲得B象限的財務成功。

第四章
商業系統的三種類型

你的目標是要擁有一套系統，然後找人來替你運作這套系統。

在進入B象限時，請記住你的目標是擁有一個企業系統，並讓人透過這個系統為你工作。你可以親自發展這個系統，或者收購企業，並把系統看成讓你安全地從現金流象限的左側邁向右側的橋樑——通往財務自由的橋樑。

目前，有三種主要且經常使用的企業系統，它們是：

1. **傳統的C型企業：**由你自己發展起來的系統。
2. **特許經營權：**購買現存的系統。
3. **直銷：**購進並成為現存系統的一部分。

每種類型都有自己的優點和缺點，但是每種類型最後都是在做相同的事。如果運作良好，每種系統都將提供穩定的收入流，而且不用企業主花太多體力和精力，問題是如何讓它運作良好。

一九八五年，當人們問道「為什麼你們無家可歸」時，我太太和我只是說：「因為我們在試圖建立一個企業系統。」

這是一個由傳統的C型企業和特許經營權混合而成的企業系統。如前所述，B象限需要對企業系統和對人有所了解。

我們決定發展自己的企業系統，這意味著要付出很多艱苦的努力。我以前也曾嘗試過，但是失敗了。雖然公司成功運作了幾年，但是在第五年卻突然破產。當成功走向我們時，我們卻沒有準備好完善的體制來迎接它。雖然有努力工作的員工，但這個企業系統還是停止運轉。當時的我們就像坐在一艘豪華的遊艇上，但這個遊艇有裂縫，所有人都在努力尋找裂縫的位置，卻找不到。

成功是最差勁的教師

在我念高中時，富爸爸告訴我們，在他二十多歲時，他差點賠掉一間公司。「那是我一生最好也是最壞的經歷，」他說，「雖然我痛恨這種狀況，但是透過重新修整，並且最後使新公司成功，使我學到了更多東西。」

當我要開創自己的公司時，富爸爸說：「你可能在建立一個成功的公司前，會先失去兩、三間公司。」他的親兒子邁克將接管他的商業帝國。因為我父親是一名政府職員，所以我不可能繼承一個帝國，我必須建立屬於自己的帝國。

「成功是差勁的導師，」富爸爸總是這樣說，「我們在失敗的時候，學到的東西最多。因此不要害怕失敗，失敗是成功之母。沒有失敗，你不可能成功。」

或許這是一句自我應驗的預言。一九八四年，我關閉了第三家公司。我賺了幾百萬美元，也損失了幾百萬美元，當我遇到我太太時，我正打算捲土重來。我知道她嫁給我不是為了錢，因為我當時根本沒錢。當我告訴她我的打算，即開創第四家公司時，她留了下來。

「我和你一起建立它。」她回答，而且真的這樣做了。結果我們兩人和另一位合夥人建立了一個在全球有十一間分公司的企業系統。現在，無論我們工作與否，它都能為我們創造收入。從一無所有，到擁有十一間分公司，花了五年的血汗和淚水，但是它成功了。兩個爸爸都為我高興，真誠地祝賀我。

最困難的部分

富爸爸的兒子邁克經常對我說：「我永遠也不會知道我是否能做你和我爸所做過的事情。這個系統是爸爸傳給我的，我所要做的事情，就是學會如何經營它。」

我確信，他能夠成功發展自己的企業，因為他向他爸爸學得很好。然而，我明白他的意思。草創一間公司所遇到的困難，在於有兩大不確定因素：系統和建立系統的人。如果人員和系統都有漏洞，失敗的可能就非常大。但有時很難確切分辨出問題究竟是出在人員落後，還是系統落後。

在特許經營權以前

在富爸爸教我如何成為「B」時，只有一種企業，就是大型企業，能主宰整個城鎮的大型企業。在夏威夷，蔗糖種植園在城鎮中控制一切，包括控制其他的大企業。所以就只有大型企業和小小的S型小企業，在這兩種之間就沒什麼其他的了。

在這些大蔗糖種植園的高層任職不是富爸爸和我的目標。日本人、中國人和夏威夷人等少數族群在田間工作，他們永遠也不會成為董事。富爸爸透過不斷嘗試和犯錯，學會了所要知道的一切。

在我開始就讀高中時，我們開始聽說「特許經營權」這件事，但是沒有一個這樣的企業來我們的小鎮，我們沒聽說過麥當勞或肯德基。在我跟富爸爸學習時，我們的辭彙表中還沒有這些詞。傳聞說它們是「非法的、騙人的陰謀，並且是危險的」。一聽到這些傳聞，富爸爸就飛往加州，去查明真相，而不是簡單相信這些閒言碎語。然而當他回來時，他所說的第一句話就是：「特許經營將是未來的潮流。」他立刻購買了兩份這樣的經營權。隨著特許經營權概念的流行，富爸爸的財富急劇增加，他還向別人兜售他的經營權，以便他人也能創辦自己的企業並獲得財富。

當我問他是否應該從他那兒買一份經營權時，他回答：「不用，你已經學了很久關於如何建立自己的企業系統，不要停下來。特許經營權是為那些不想知道或不知道如何創建自己系統的人準備。而且，你也沒有二十五萬美元能從我這買走一份經營權。」

今天，很難想像哪個城市的街角沒有麥當勞、漢堡王或者必勝客。但就在不久之前，它們根本不存在。

成為「B」的三條路徑

我是透過當富爸爸的學徒，來學習如何成為「B」的。他的兒子和我都是從「E」開始學習做「B」，而且這是很多人的學習途徑，現在這叫「在職訓練」。這也是很多權力集中的家族企業得以代代相傳的法寶之一。

問題是，並不是很多人都有資格或足夠幸運能夠學到作為「B」隱藏在幕後的各方面。大多數企業的管理訓練計畫只是把你培養成一名經理，很少有企業訓練你成為「B」。

通常，人們在邁向B象限時，會停留在「S」。主要是因為他們沒能開創一個夠強大的系統，結果他們自己成為系統中的必要組成部分。而成功的「B」開發系統，沒有他們的參與，公司也能正常運轉。有三種途徑可以迅速成為「B」。

1.找一位導師：我的富爸爸就是我的導師。導師應該是一個已做過，並且成功做了你想做的事情的人。不要找建議者，建議者只能憑設想告訴你如何做，因為他本人沒做過。大多數建議者都位於S象限，並且現在到處都是「S」，試圖告訴你如何成為「B」或「I」。富爸爸則是一位真正的導師，而不是一名建議者。富爸爸給我的最好教誨之一是：「小心接受別人的建議。雖然你必須保持思想開放，但是你一定要先搞清楚這條建議是來自哪個象限。」

我的富爸爸教我有關系統的知識，以及如何成為領導者而不是管理者的知識。經理通常把他們的下屬看成是不如他們的人，而領導者必須指揮那些更聰明的人。

想學習大公司的各種系統，可以選擇在名校獲得MBA學位，然後找份迅速通往公司頂層的工作。MBA學位很重要，因為你可以學到會計學的基礎知識，知道財務數字與企業系統的關係。然而，擁有MBA學位並不意味你一定有能力經營好各種系統，而這些系統恰恰是構成完整企業系統所不可或缺的部分。

要學習一個大企業擁有的所有系統，你需要在企業中花費十到十五年時間，了解該企業各方面。然後，你應該準備好離開，並開始開辦自己的企業。為一個成功企業工作，就好比支付導師學費。即使有了導師和幾年的經驗，但這第一種方法仍要付出大量的勞動。創辦自己的系統需要多次的嘗試和失敗，付出大量的法律成本，以及文書工作。但在做這些工作時，你也在發展你自己。

2.特許經營權：另一種學習系統知識的途徑，是購買特許經營權。當你購買特許經營權時，你是在購買一個被驗證過、運作良好的系統。

購買特許經營權系統，不是要你努力創辦自己的系統，而是集中精力開發員工。在你學習如何成為「B」時，購買系統排除了一個重要的不確定性因素。許多銀行願意貸款給特許經營企業，而不願意貸款給新成立的小企業，就是因為這些銀行了解系統的重要性，以及使用好的系統創業，將可降低經營風險。

請留意，特許經營權對什麼都想自己來的S來說很困難。如果你購買的是一個特許經營權系統，就要成為「E」，要嚴格按照別人告訴你的方式去做。沒有什麼是比特許經營權的被授權人和授權人一同出現在法庭上更為可悲的了。這種不該發生的爭鬥通常起因於購買特許經營權的人想按照自己的方式經營企業，而不是按照創辦這個系統的人所要求的方式去做。如果你想做自己的事，那麼請在控制系統和人員之後再進行。

我那有學問的爸爸經營特許經營店沒有成功，他當時購買一家有名的高級冰淇淋特許經營企業，雖然該系統是優秀的，但還是失敗了。以我的觀點，失敗的原因是，他的合夥人都是「E」和「S」，他們不知道當事情變糟時應該做什麼，而且也不去向母公司尋求幫助。結果合夥人內部發生爭執，企業破產倒閉。他們忘記了，一個真正的「B」，不只是有系統就行，還需要有優秀的人去操作。

銀行不會把錢借給沒系統的人

如果銀行不貸款給沒有系統的小企業，那為什麼你要呢？幾乎每天都有人帶著企劃書來找我，希望我能資助他們的想法或計畫。

大多數情況下，我拒絕了，原因只有一個，想賺錢的人並不知道產品和系統之間的區別。我有些朋友想讓我投資發行一張新的音樂CD，另一些人想讓我幫助建立非營利機構來改變世界。我可能喜歡這個計畫、產品或企劃者本人，但是如果他們創辦和經營商業系統的經驗很少，或是根本沒有經驗，我只能拒絕他們。

這是因為，你能唱歌或者有個偉大的願望，並不意味你了解行銷系統、財務系統，以及銷售系統、人力資源及人員流動系統、法律系統等等其他許多系統，而這些系統都是企業生存和成功必需的。

一個企業想生存和發展，所有系統都必須發揮作用並負起責任。例如：一架飛機是一個由多個系統構成，但當飛機起飛時，任何一個系統出現故障，都有可能引發飛機失事。人體也是由很多系統所組成。我們多數人都經歷過所愛的人因為身體其中一個系統失效而導致死亡。在商業領域也是一樣。

所以，建立一個被驗證過的商業系統並不容易，因為你忘記或者沒注意到某個系統，將導致你的墜落和毀滅。這也是我很少投資僅有新產品或新想法的「E」或「S」的原因。職業投資者願意投資被驗證過的系統，且這系統得擁有知道如何操作它的人。

因此，如果銀行只把錢貸給被驗證過的系統，並尋找能經營的人，那麼你也應該做同樣的事，如果你想成為聰明的投資者。

3. 參與直銷（又稱多層次行銷或傳銷）：就像特許經營權，美國法律最初曾試圖禁止直銷。直銷在某些國家確實是受到限制或禁止。任何新的系統或主意一開始都會經過一段被認為奇怪或可疑的過程。一開始，我也認為直銷是一場騙局。但這些年下來，我研究了很多直銷系統，也看到好幾位朋友透過這種「B」形式成功，改變了我的想法。

當我放下成見開始研究直銷後，我發現許多人真誠且勤奮地在建構直銷事業。當我見到這些人，我看到他們的事業是如何影響了人們的生活及財務未來。我開始真心欣賞直銷系統的價值。以一個合理的入場價（通常差不多兩百元美金），人們可以買入一套系統，並且立刻建構自己的事業。因為科技進步，這些機構全部自動化，而那些頭痛的文書作業、訂購流程、運送、會計和售後服務，幾乎都由直銷軟體系統來處理。新的直銷商可以集中精力建構事業，而不用擔心一般小公司在草創時期必須頭疼的事情。

我有一位老朋友在房地產一年有超過十億元的買賣，最近剛簽約成為直銷商，並開始打造他的事業。我很驚訝看到他這麼辛勤打造一份直銷事業，因為他完全不需要這些錢。我問他為什麼，他解釋道：「我上學受教育，成為一名專業會計師，而且我也有金融方面的企管碩士學位。當人們問我如何致富，我告訴他們我每年做上千萬、上億的房地產交易，並且從中得到數十萬美元的被動收入，然後我留意到，有些人聽完就退縮或嚇跑了。我們都知道他們要像我這樣做上千萬美元房地產投資的機會微乎其微，所以我開始尋找方法，幫助他們得到我從房地產中得到的同等被動收入，但不需要回到學校再學六年，也不用再花十二年投資房地產。我相信直銷事業讓人有機會累積所需的被動收入，同時也可以學習如何成為一名專業投資人。這就是為什麼我會向他們推薦直銷。就算他們只有少量資金，還是可以投資五年的血汗成本，賺取足夠的被動收入，開始投資。藉由發展他們的事業，他們有時間可以學習，而且有資本可以跟我一起進行更大的投資。」

在研究過許多機會後，我朋友加入了一家直銷公司，成為直銷商，而且和那些將來有可能和他一起投資的人，一起開始直銷事業。他的直銷事業和投資事業現在都很成功。他告訴我：「我的初衷是想幫助人賺錢投資，而現在在這個全新的事業，讓我也變得更有錢。」

他每個月在星期六開課兩次。一堂課裡，他教導人們有關事業系統和管理，或是如何成為一個成功的「B」。在每個月的第二堂課，他教他們財務知識，讓他們成為熟練的「I」。他上課的人數在快速增長，他建議的模式跟我所建議的也是一樣，如上頁圖所示。

最便宜的個人特許經營企業

這就是為什麼我建議人們考慮直銷。很多著名的特許經營權要價一百萬美元、甚至更貴。而直銷就類似購買個人的特許經營權，但價格一般不到二百美元。

我知道大部分直銷需要辛苦工作，但要知道，在任何象限想取得成功，都需要辛苦工作。我個人沒有做直銷，但我已經研究了幾家直銷公司和他們的佣金計畫。在我做研究的過程，我確實介入了幾家公司，因為他們的產品非常好，我作為顧客來消費這些產品。

然而，如果要我給你一個建議，幫助你找一家好企業，使你邁向象限的右側，那麼關鍵問題不是該企業提供什麼產品，而是能提供什麼樣的教育。有些直銷企業僅對你向你的朋友們推銷他們的系統感興趣，而有些則主要致力於教育你，並幫助你獲得成功。

從我對直銷的研究來看，我發現有兩件重要的東西，你能從他們的計畫中學到，而這兩件事情對你成為成功的「B」來說是必要的：

1. 想成功，你需要克服被拒絕的恐懼，並且不去考慮他人對你的評價。我經常遇到一些人，他們畏縮不前，只因為他們擔心如果做不同的事情，朋友們會怎麼說。我很了解他們，因為過去我也是這樣。在一個小城鎮裡，每個人都知道其他人要做什麼，如果有人不喜歡你正在做的事情，整個城鎮都會知道，並且會有人跳出來干涉你。

我反覆對自己說的一句話是：「你對我的看法與我無關，最重要的是我怎樣看我自己。」我的富爸爸曾鼓勵我在全錄（Xerox）公司做業務員，我在那工作了四年，這不是因為他喜歡影印機，而是他想讓我學會克服我的羞怯和對被拒絕的恐懼。

2. 學會領導別人。與各種不同類型的人一起工作，是企業裡最困難的事。我遇到在任何企業都很成功的那些人是天生的領導者。與人和睦相處並激勵他人的能力是一項非常寶貴的技能，而這種技能是完全可以學會的。

如我所說，實現從左象限向右象限的轉變不在於你做什麼，而在於你必須成為什麼樣的人。學會如何面對拒絕、如何不受他人意見影響，以及學會領導他人，你將有望成功。因此，我會與任何一家直銷企業簽約，只要他們承諾把我作為一個人才來培養，而不是把我變成一個推銷員。

我會找這樣的企業：

1. 一個有成功的成長紀錄、有分銷系統，多年來都很成功的佣金計畫，而且被反覆驗證過的企業。
2. 具有你能夠因此獲得成功、值得信賴，並可充滿自信與他人分享的商業機會。
3. 具有持續的長期教育計畫，把你當作一個人才來培養。自信心在現金流右邊象限是很關鍵的。
4. 具有嚴格的導師計畫。你要向領導者而不是建議者學習，向那些在象限右側做領導者，並希望你成功的人學習。
5. 有你尊敬並樂意與之相處的人。

如果一個企業滿足以上五個標準，這時你再去看他們的產品。太多人只看產品不看企業系統，而且在看了產品後才觀察企業。在一些被研究的企業中，有些企業認為產品就能推銷自己。如果你想成為一名推銷員、一個「S」，那麼產品是最重要的因素。但如果你想成為「B」，那麼系統、受益終生的教育以及人是更重要的東西。

我的一位朋友及同事在直銷行業中很有名氣，他提醒我注意時間價值，時間是我們最寶貴的財產之一。在直銷公司，真正的成功意味著你在短期內付出的時間和努力，帶來長期穩定的被動收入。一旦你建立了良好的企業，就能停止工作，而收入流則因你的企業繼續產生。一個網路行銷公司成功的關鍵是你及企業的長期承諾，才會把你塑造成所期望的企業領導者。

系統是通往自由的橋樑

我可不想再次無家可歸，但是對於金和我，這段經歷非常珍貴。今天，我們獲得財務上的自由和安全，不是因為我們擁有什麼，而是因為我們知道自己能用信心創造出什麼。

從那時起，我們創立或幫助建立了一家不動產公司、一間石油公司、一家採礦公司和兩間教育公司。在這段時期我們學會了如何創立成功的企業，這使我們獲益匪淺。但是，我並不建議每個人都去經歷這種生活，除非他們真的想經歷這一切。

直到幾年前，在B象限獲得成功的人還只是那些勇敢或富有的人。我太太和我必須勇敢，因為我們原本並不富有。如此多人停留在象限左側，就是因為他們覺得開創企業的風險太大。對於他們來說，找一份穩定而有保障的工作更明智。

今天，由於技術進步，成為一位成功企業主的風險大大降低了，而且幾乎任何人都有機會打造自己的事業，或是借力於現存的事業系統。

特許經營權和直銷省略掉開創企業的艱苦階段。你在獲准進入一個已被驗證過的系統後，剩下的工作就是發展自己的員工。

請把這些企業系統看成是一座橋樑，一座使你安全地從現金流象限左邊邁向右邊的橋樑。

第五章
投資者的五個等級

投資是獲得財務自由的關鍵。

我的窮爸爸常說：「投資是有風險的。」

我的富爸爸常說：「沒有受過財務教育是有風險的。」

今天，大多數人都知道要投資。問題是大家就像窮爸爸，認為投資是有風險的。投資的確有風險——如果你缺乏財務教育、經驗和教導。

學習投資很重要，因為投資是通往財富自由的關鍵。不投資的人或是失敗的投資者會發生下列五件事情：

1. 他們一生都要努力工作。
2. 他們一生都要為錢煩惱。

3. 他們依靠他人，像是家人、公司或政府給予的退休金。
4. 他們的生活會被金錢所限制。
5. 他們不知道什麼是真正的自由。

富爸爸常說：「除非你達到財務自由，否則你永遠也沒辦法知道什麼是真正的自由。」他的意思是學習投資比學習一項專業還重要。他說：「當你學習一項專業，例如當醫生，你只學到如何為錢而工作。學習投資就是學習如何讓錢為你工作。當你讓錢為你工作的那一刻開始，你就得到通往自由的門票。」他也說：「當越多錢幫你工作，你要付的稅就會越少，如果你是真的投資家。」

學投資最好的工具：大富翁

我的富爸爸在我九歲時，就用桌遊「大富翁」當作教學工具，來為我做I象限的準備。他會一再地說：「有一條偉大的財富公式是在大富翁裡面發現的。永遠記得這個公式：四間綠色房子，一間紅色旅館。」

大富翁的遊戲就是現金流的遊戲。舉例來說，如果你擁有一間綠色房子，而你收到十美元，那就是一個月十美元的現金流，兩間房就是二十美元，三間房就是三十美元。而一間紅色旅館收五十美元。越多綠色房子和越多紅色旅館，就代表越多現金流、更少工作，和更多自由。

這是一個很簡單的遊戲，卻是一堂很重要的教訓。

富爸爸在現實生活中玩大富翁。他常常帶我們去參觀他的綠色房子。那些綠色房子有一天會在威基基海灘變成紅色的大旅館。

當我漸漸長大，看著富爸爸在現實生活中玩大富翁，我學到許多關於投資的重要課題。其中一些教訓如下：

- 投資不是有風險的。
- 投資是有趣的。
- 投資可以讓你非常、非常富有。
- 更重要的是，投資可以讓你得到自由，從維持生計的艱難和為錢煩惱中自由。

換句話說，如果你夠聰明，可以打造一個現金流管道。這個管道不管景氣好壞、無論市場繁榮或崩盤，都能產生現金。你的現金流可以自動跟著通膨成長，同時也能讓你繳更少的稅。

我並不是說房地產是唯一的投資管道。我只是用大富翁遊戲當作富者越富的案例。

一個人可以從股息分紅、債券利息，或從石油、書和專利的權利金賺取收入。換句話說，還有很多方法可以得到財務自由。

所謂的理財「專家」

遺憾的是，因為在學校缺乏理財教育，多數人盲目把錢交給那些他們認為是理財專家的人，例如銀行家、理財規畫師和證券商。不幸的是，這些「專家」多數都不是I象限的投資人。大多數都是為了薪資工作的E象限員工，或是S象限賺取手續費和佣金的自營理財顧問。大多數的「專家」都不能停止工作，因為他們沒有投資資金在為他們工作。

巴菲特曾說過：「只有在華爾街才看得到搭著勞斯萊斯的人去向搭地鐵的人請教建議。」

如果人們沒有足夠的財務教育，他們就無法分辨理財專家到底是業務員還是騙子，是笨蛋抑或天才。記住，所有騙子都很友善，如果他們沒有和善地對你說些你想聽的話，你就不會聽信於他們了。

身為業務員也沒有什麼不對。我們都有一些東西要兜售，但就如同巴菲特所說：「如果你需要保險，千萬別問保險業務員。」只要事關金錢，就會有很多人急切到什麼話都說得出來、什麼東西都能賣，只為了得到你的錢。

有趣的是，絕大多數的投資人從未見過那些拿走他們錢的人。在多數西方國家，員工的薪資單會自動扣款，就像是國稅局扣稅一樣。在美國有很多員工讓他們的雇主把錢扣除，放到**401(K)**退休金計畫裡，那可能是最糟糕的退休金投資方法。**401(K)**在不同國家有不同的稱呼。在澳洲稱為「超級年金」計畫，在日本也稱做**401(K)**，而在加拿大就稱為「**RRSP**」。

我說**401(K)**退休金計畫可能是最糟糕的退休金投資方法，有以下幾點原因：

1. 時代雜誌也這麼認為

時代雜誌多年來發表過一系列報導，質疑把這麼多人的退休金置於險境是否明智？時代雜誌也預測，有上百萬人在把一輩子賺來的錢轉交給陌生人後，將沒有足夠的金錢過退休生活。一個**401(K)**計畫拿走了八〇%的利潤，投資人運氣好的話，也許能拿到二〇%。投資者投入百分百的錢，承擔了百分之百的風險；而**401(K)**計畫一毛錢也不用出，也完全不用承擔風險。就算你賠錢，**401(K)**依舊會賺錢。

2.使用401(K)，稅務對你不利

長期資本利得稅率是比較低的，大約是十五%。但是401(K)利得是以一般所得稅來計，要課約三十五%的稅，是三種收入中課稅最高的，分別是：1.一般薪資。2.資金投資組合。3.被動收入。

如果你想提早從401(K)帳戶中提錢出來，就要再付額外一〇%的稅款罰金。

3.若股市崩盤，你沒有任何保險

要開一輛車，必須要有保險，以防發生車禍。當我投資房地產時，我也有火災和其他損失的保險。但是401(K)的投資者在股市崩盤時，沒有任何避免損失的保險。

4.401(K)是給預計退休時會變窮的人用的

這就是為什麼一些理財規畫師常說：「當你退休時，你繳納的稅率會變低。」他們預設你的收入在退休時會減少，所以稅率才會降低。但若你退休後反而變得更富有，而且你還有401(K)的話，你就要付更高的稅額。聰明的投資人應該在投資前就了解稅率。

不幸的是，多數理財專家和退休基金經理人都不是投資人。大多數都是E象限的員工。為什麼這麼多政府退休金和工會退撫金會出問題，其中一個理由就是這些員工並沒

有受過成為投資人的訓練，多數沒有經歷現實生活的財務教育。

更糟的是，多數的理財「專家」建議沒有受過財務教育的投資者長期投資多元分散的投資組合，其中包括股票、債券和共同基金。

為什麼這些身為E象限員工的理財「專家」或是S象限的業務員偽裝成I象限的投資者，給你這樣的建議呢？因為他們的薪資不是根據你賺了多少錢來支付，而是長期下來你轉交了多少錢給他們。你的錢放在他們那裡越久，他們賺越多。

事實上，真正的投資者不會把錢存放在一處不動。他們的錢會周轉，這稱為貨幣流通速度策略。一個真正的投資人，他的錢是永遠在流動的。購入新資產，然後繼續流動，再收購更多資產。只有業餘投資人才會讓錢停留在一處。

我並不是說401(K)計畫不好，但我絕對不會採用。對我來說，它們太貴、風險太高、節稅效率太低，而且對投資者太不公平。

我的意思是，還有其他更好的投資方式，但都需要財務教育。

什麼是最好的投資？

一般投資人不懂為了現金流投資和為了資本利得投資之間的差別。多數投資人都是為了資本利得投資，希望並祈禱他們的股票或房子的價值上漲。只要你流入的金錢比流出的多，就是一筆好投資。

要記得，決定一個人貧或富的關鍵並非資產類別。舉例來說，當一個人問：「房地產是好投資嗎？」我會回答：「我不知道，你是一個好的投資人嗎？」或是有人問：「股票是好投資嗎？」我的答案還是一樣：「我不知道，你是一個好的投資人嗎？」

我的意思是，投資本身或是資產類別並不是重點。成功或失敗，富有或貧窮，只端看投資者有多聰明。聰明的投資者能在股市中賺好幾百萬元，業餘投資人則會賠上好幾百萬元。

可悲的是，多數人不認為學習投資很重要。這就是為什麼多數人相信投資有風險，並且把錢交給「專家」，而那些專家根本不是真正的投資人，是業務員。因此無論客戶投資賺錢與否，他們都能賺錢。

投資者的五種程度

在I象限中的投資者，有五種不同的程度或類型。

第一級：零財商知識

不幸的是，在美國這個曾是世上最富有的國家裡，有超過百分之五十的人在I象限的最底層。簡單說，他們沒有什麼可以投資。有很多高收入者也落在此類別當中。他們賺很多，但花的比賺的多。

我有一個朋友看起來很有錢。他有一份房仲的好工作，有個漂亮的太太，三個小孩都上私立學校。他們住在聖地牙哥一幢可以眺望太平洋的豪宅。他和太太開著昂貴的歐洲車，兒女長大後，也開名貴的車子。他們看起來很富有，但是他們有的只是負債；他們看起來很富有，但其實比大多數窮人還窮。

現在，他們無家可歸。當房地產市場崩盤時，他們也垮了。他們再也付不出龐大負債所產生的利息。

當我們年輕時，這位朋友賺了很多錢。不幸的是，他的低財商讓他長期下來變得一文不名。事實上，他債台高築，是零分以下的投資者。

和很多人一樣，他買的所有東西都在貶值，也都需要花錢。他沒有買任何可以讓他增加財富的東西。

第二級：儲蓄就是輸家

很多人相信儲蓄很明智。問題在於現在「錢」早就不是錢了。現在人們存的是偽造的錢，可以光速製造出來的錢。

一九七一年美國總統尼克森將美金和黃金脫勾後，錢就變成債務。該年之後黃金價格不停上漲的主要原因，就是美國可以印製鈔票來償還負債。

所以在今天，儲蓄就是最大的輸家。自從一九七一年以來，美金跟黃金相比，已經失去九十五%的價值。不需要等到下一個四十年，便會失去那僅存的五%。

還記得在當年，黃金是一盎司三十五美元；四十年後，黃金是一盎司一千四百美元。這代表美金的購買力大幅喪失，而美國國債也增加到兆元以上，且還持續印製「偽」鈔，讓問題雪上加霜。

現在美國聯邦儲備銀行和世界各地的中央銀行都在高速印製幾兆元的鈔票，印出來的每分錢都代表更高額的稅賦和通膨。但儘管如此，仍有上百萬人繼續相信儲蓄是明智的。在過去錢還是錢的時候，儲蓄的確很明智。

世界上最大的市場就是債券市場，債券是儲蓄的另一個同義詞。市場上有各種不同的債券，適合不同類型的儲蓄者。有美國國庫券、企業債券、市政債券和垃圾債券。

許多年來，我們都相信美國政府的債券和市政債券是安全的。二〇〇七年的金融危機開始，正如你所知，這危機是由貸款債券引起的，如不動產抵押貸款證券（Mortgage-Backed Securities, MBS），或稱衍生性金融商品。上百萬的貸款債券都是由次級貸款所組成，也就是借給次級或高風險借款人的貸款。你可能還記得，有些貸款人沒有收入也沒有工作。但他們還是買進永遠也付不起的房子。

華爾街的銀行家將這些次級房貸包裝成債券，神奇地將次級債券定義為高級債券，然後出售給金融機構、銀行、政府和散戶投資人。對我來說，這是詐欺，但這就是銀行體系。

一旦這些次級貸款人付不起利息，這些不動產抵押貸款證券就開始在全世界爆發了。

有趣的是，巴菲特的公司穆迪信評把這些次級房貸評等為債券中的最高等級ＡＡＡ高級債券。

今天，許多人將這次危機怪罪到一些大銀行頭上，像是高盛和摩根大通。但是如果有任何人應該被怪罪，那個人應該是華倫．巴菲特。他是一個聰明人，而且他知道自己在做什麼。穆迪公司將腐壞的狗肉評等為A級牛肉，這根本是犯罪。

問題是，這些次級房貸開始在全世界產生漣漪效應。現在，愛爾蘭及希臘等國家陷入嚴重的危機，付不出債券利息。在美國，政府和市政當局也瀕臨破產，付不出債券利息。

二〇一一年，上百萬的散戶、退休人員、退休基金、政府和銀行都陷入危機，因為債券市場證明了債券有多麼不安全。

除此之外，節節上升的通膨讓債券變成風險更高的投資。這就是為什麼那些只懂得儲蓄的人都是輸家。舉例來說，如果某種債券支付百分之三的利息，而通貨膨脹是百分之五，那百分之三的債券價值一崩盤，投資者的價值也隨之摧毀。

而中國可能會是最大的輸家。中國擁有上兆的美國債券。每當美國政府印更多鈔票、發行更多債券，造成美元一再貶值時，中國在美國的兆元投資就跟著往下跌。如果中國停止買進美國債券，世界經濟就會停止運轉並且崩盤。

上百萬退休人員的處境就跟中國一樣。這些退休人員在退休後需要穩定的收入，也相信政府債券是安全的。如今，各層級的政府相繼破產，通膨也上漲，退休人員發現用債券來儲蓄的人都成了輸家。

市政債券是由州政府、市政府、醫院、學校和其他公家機構所發行的借據。市政債券的好處之一，就是它們是免稅的收入。問題是，市政債券不是沒有風險。

上百萬的市政債券投資人發現，他們投資的市政債券陷入嚴重危機。在美國，超過三兆美元資金投入市政債券。現在估計有三分之二有倒債風險，因為這些公家機構破產了。如果不再注入更多資金，美國將可能由中心開始崩潰瓦解。因為州政府、市政府、醫院和學校開始違約，就像當初那些次級貸款人違約，不再清償他們的房貸。

債券市場是世界上最大的市場，比股市或房地產市場都大。最主要的原因就是大多數人都是儲蓄者，即第二級投資者。不幸的是，一九七一年之後，金錢的規則改變了，即便儲蓄者把錢投資在債券上，依舊成為最大的輸家。

記住，儲蓄者、債券持有人，以及多數把錢存在退休金計畫裡的人，都是把錢長期存放在某一處。專業投資人則會不停讓錢運轉，他們投資某一項資產，無須賣掉該資產便能取回資金，然後把錢再拿去買更多的資產。這就是為什麼那些把錢存放在某處的儲蓄者都是最大輸家。

第三級：我太忙了

這層級的投資人太忙，所以沒時間學習投資。這層級的許多投資人都受過高等教育，他們只是忙於工作、家庭、其他興趣和休假。所以他們寧可繼續不碰理財，把錢交給別人來管。

這是大多的 401(K)、個人退休帳戶（IRA）和非常有錢的投資人所在的層級。他們只是把錢交給所謂的「專家」，希望並祈禱專家真的是專家。

很快地，在二〇〇七年金融危機爆發後，很多有錢人才發現，他們之前相信的專家根本不是專家，而且更慘的是，他們根本不敢相信這個事實。

不到幾個月的時間，幾兆的財富就隨著房市和股市崩盤而蒸發。這些投資人驚慌失措的打給信任的理專，向他們求救。

少數有錢的投資人發現他們所信任的理專其實是非常世故的騙子，操控著精心設計的龐氏騙局。龐氏騙局是一種投資方案，利用後期投資者的錢來付予前期投資者。如果不斷有新投資者加入的話，這個方案就可以順利用新投資者的錢付給舊投資者。在美國，馬多夫（Bernie Madoff）之所以成名，就是因為他從有錢人的口袋詐取好幾十億美元。

有合法的龐氏騙局，也有非法的龐氏騙局。社會保障金就是一種合法的龐氏騙局，如同股市一樣。在這兩個案例中，只要一直有新的現金注入，這些方案就能持續運作。如果新的錢不再流入，不管是馬多夫騙局、社會保障金或華爾街，就會垮台。

第三級投資者，就是那些認為自己太忙了的人，他們的問題是，如果他們賠了錢也學不到任何東西。他們除了不好的經驗之外，再也沒有別的經驗。他們只能怪理專、怪市場或怪罪政府。如果人們不知道犯了哪些錯，就很難從錯誤中學習。

第四級：我是專業人士

這是那種在S象限中自己操作的投資人。很多退休人員從工作崗位退下來之後，便成為第四級的投資人。

這種投資人也許會買賣一些股票，通常是向一些折扣經紀商下單。畢竟他們可以自己研究、下決定，何必支付券商較高的傭金？

如果他們投資房地產，自己操盤的投資人就會去尋找、修繕並管理房子。如果是黃金投資人，就會買進和持有黃金和白銀。

在多數情況下，那些自己操盤的投資人鮮少接受正式的財商教育。畢竟，如果他們都可以自己操盤了，為什麼還要學習呢？

如果他們去上什麼課，也是在很狹小的領域上。好比說，他們喜歡股票交易，就只會選擇上股票投資的課。小型房地產投資客也是如此。

在我九歲的時候，富爸爸就利用「大富翁」遊戲啟發我的財商教育，他希望我有如下圖的幾項更大格局的投資種類。

資產	負債
企業 不動產 票券 有價物品	

當越多人知道應該要投資，就會有上百萬人在上述四個

類別中成為小型的第四級投資者。

市場在二〇〇七年崩盤時，有上百萬人成為創業家，成立自己的小型事業，也有很多人在價格便宜的時候投資房地產。不過多數人選擇在股市交易和選股中試試身手。此外，因為美元貶值，與其存錢，上百萬人開始儲存黃金和白銀。

當然，那些持續投資財商教育、經常上課，而且還聘請教練來增進績效的人，就會贏過那些凡事都自己來的人。

有了健全的財商教育，少數第四級的投資人就會進階成為第五級的投資人——資本家。

第五級：資本家

這是全球等級的富豪階層。第五級的投資人，亦即資本家，是來自B象限的企業主，在I象限中投資。

如同前述，第四級的投資者是來自S象限的自營商，在I象限投資。以下是幾個第四級投資人和第五級資本家型投資人的不同點。

1. S象限的投資者通常都是用自己的錢來投資；B象限的投資者通常都是用OPM

（其他人的錢）來投資。這是第四級和第五級投資者最大的不同之一。

2. S象限的投資者通常是獨立操作的投資者。（「S」也代表最聰明，Smartest）；B象限的投資者則是團隊一起投資。B象限的投資者未必最聰明，他們只需要一個最聰明的團隊。大多數人都知道，三個臭皮匠勝過一個諸葛亮。但是，很多S象限的投資者都認為他們是全世界最聰明的人。
3. S象限的投資者賺得比B象限的少。
4. S象限的投資者繳得稅比B象限的多。
5. S象限也代表自私（selfish）；他們越自私，賺得就越多。B象限的投資者一定要很大方；他們越大方，賺的錢就越多。
6. 以S象限投資人的身分很難籌資；B象限的投資者則較容易集資。一旦你了解如何在B象限打造事業，成功的故事就能吸引資金。因此，如果你在B象限成功，便很容易在I象限集資，這是很大的一個前提。

集資容易與否，是成功的S象限和B象限最大的不同。一旦一個人在B象限成功，人生就容易許多了。

要在S象限成功，問題在於集資。舉例來說，讓B象限的企業上市，開始買賣股份很容易。臉書的故事就是一個當代案例，顯示出B象限的企業有多麼容易集資。如果臉書一直是小型的網路顧問公司，可能就很難集資了。

另一個例子是麥當勞。如果麥當勞只是一家漢堡店，以S象限的模式營運，沒有人會想投資。一旦麥當勞開始透過特許經營（加盟），擴張進入B象限，並且公開上市，錢就湧進來了。

企業之所以要賣掉股份（shares），是因為他們越分享（share，譯註：分享與股份為同字），企業家就越有錢。S象限的企業之所以很難賣股份，就是因為事業太小，無法分享。

在房地產業，道理也一樣。當我還是小型房地產投資者，投資獨棟住宅、公寓和四到三十戶的公寓大樓，都很難貸款成功。

從金和我開始投資超過百戶的公寓大廈那一刻起，銀行就開始願意借我們更多錢了。為什麼?價值上，對於百萬的逾百戶公寓大廈投資案，銀行資助的不是投資人，而是那筆投資。換句話說，對於這種逾百戶的不動產，銀行更看重的是這筆投資本身，而非投資人。再加上除此之外，銀行寧可借出一千萬，而非一萬元，因為借出萬元跟借出百萬元所花的時間都一樣。請記住，銀行熱愛借貸人，因為借貸讓銀行賺錢。

一旦銀行家對於我們持有及管理大型物業的獲利能力感到滿意，就會排隊來借我們錢，就算是在金融危機期間也一樣。

所以問題是：第五級的投資人是從哪裡得到錢的？答案是：從那些把錢存在銀行或退休金計畫的第二級和第三級投資人。

成為一位真正的投資者

這本書的開頭，之所以從我和金無家可歸開始說起，就是要讓讀者知道，沒有錢不是無法變得更聰明、無法想得更遠大和無法致富的藉口。

我人生的大半時期都沒有足夠的錢。如果我拿沒錢當作藉口，可能一輩子都無法成為資本家。這很重要，因為一個真正的資本家從來都沒有錢。這就是為什麼他們一定要懂得如何集資，以及如何運用別人的錢，來為更多人賺更多錢。

我的父母親希望我在E和S象限中成功。父親建議我去上學、拿博士學位，就像他一樣；然後替政府工作，或是在E象限的企業階梯往上爬。我母親是專業護理師，希望我在S象限成為醫生。

我的富爸爸則建議我成為資本家。這意味著我必須研究能在B及I象限成功的技能。

我的父母親相信傳統學校，像是大學、法律學院和醫學院。他們重視好的成績、學位和學歷，像是法律學位或醫生執照。

我的富爸爸相信教育，但不是傳統學校的那種教育。與其去上學，富爸爸會參加研討會和課程來增進商業和投資技巧。他也參加了自我成長課程。他對學位或成績沒什麼興趣。他想要現實生活當中的技能，讓他在B及I象限中有優勢和營運技能。

當我在高中時，富爸爸常常飛到檀香山參加企業家和投資的研討會。有一天，當我告訴窮爸爸，富爸爸去參加一個有關銷售的課程，我的窮爸爸笑了。他不能理解為什麼會有人要去學如何銷售，尤其是這課程也無法計入大學學分。窮爸爸也看不起富爸爸，因為富爸爸沒有完成高中學業。

因為兩個爸爸對教育有兩種不同的態度，所以我開始察覺，教育不只有一種方式。傳統學校適合那些想在E和S象限中成功的人，另一種教育適合想在B及I象限中成功的人。一九七三年，我從越南回來，是時候決定我該跟隨哪一位父親。我應該跟隨窮爸爸的腳步，回到學校成為「E」或「S」；還是跟隨富爸爸的路徑，成為「B」或「I」，最後成為資本家？

一九七三年，富爸爸建議我上一堂有關房地產投資的課。他說：「如果你想成為成功的資本家，你必須知道如何集資，並且運用負債來賺錢。」

那一年，我參加了一堂三天的房地產投資課程。這是我進入資本家世界的啟蒙教育。

幾個月後，在看過逾百件不動產後，我買下第一間租屋位於夏威夷茂宜島。用了百分百的借貸，但每個月有二十五美元的現金流入口袋。現實人生的教育開始了，我開始學會用其他人的錢來賺錢，這是資本家必須要會的技能。

一九七四年，我和海軍的合約到期，開始到夏威夷的全錄公司上班。並不是因為我想爬企業階梯，而是因為當時全錄公司有最好的銷售訓練課程。同樣的，這也是富爸爸教育課程的一部分，訓練我成為資本家。

到了一九九四年，金和我財務自由了，再也不需要工作、公司或政府的退休金方案。富爸爸是對的，我的教育可以讓我自由，但這不是在傳統學校可以得到的教育。

當市場在二〇〇七年開始崩盤時，我們沒有跟其他人一起垮掉，財富反而大幅成長。在股市和房地產崩盤時，超值的標的物開始浮現。銀行也更急切的要借我們上百萬美元，讓我們買進並接手他們失利的投資。光是二〇一〇年，金和我就利用銀行貸款和退休基金，收購逾八千七百萬美元的不動產。那一年是我們至今最好的一年。

如同富爸爸常說的：「如果你是真正的投資者，不論景氣好轉或下滑都不重要。一個真正的投資者在任何市況中，都能表現得很好。」

搞清楚你是哪一級的投資者

花一些時間來看看你現在在哪個層級。你是第一級的投資者嗎？

如果你在資產欄位中沒有任何來自投資的收入，而且有許多負債，那你就是在最底層、第一級。

如果你深陷壞帳，最好的投資可能就是脫離債務。深陷債務沒什麼不對，除非你不採取任何行動。當我失去第一份事業時，我欠下近百萬元的負債，花了快五年才清償。從很多方面來說，在錯誤中學習，並且為自己的錯誤負起責任，是我得到的最好教育之一。如果我沒有從錯誤中學習，就不會有現在的成就。

金和我整理出一套簡單的課程和講義，名稱是「我如何擺脫壞帳」，當中闡述了我們如何擺脫數十萬壞帳的過程。這是一個簡單、幾乎毫無痛苦的過程。只需要紀律和學習的意願。

如果你是儲蓄者，要小心了，尤其是如果你把錢存在銀行或退休金方案中。一般來說，儲蓄者就是輸家。

儲蓄通常是給那些不願意學習的人的一種方法。儲蓄不需要任何財商知識，你可以訓練一隻猴子儲蓄。

儲蓄的風險就是你學不到東西。而且，若儲蓄因為市場崩跌或是貨幣貶值而蝕本，你就會淪落到沒錢也沒有學到經驗教訓的下場。

請記住，美金自從一九七一年以來，貶值了九十五%，剩餘的價值再過不久也會消失殆盡。如同之前講的，如果買在不對的價格，即使是儲蓄黃金也有可能賠錢。我建議他們去上幾堂關於投資的課，主題是股票或房地產都可以，看看哪種主題讓你感興趣，如果都沒有，那就繼續儲蓄。

請記住，債券市場是全世界最大的市場，因為多數人和企業都是儲蓄者，不是投資者。這在儲蓄者聽來可能很陌生，但是債券市場和銀行需要的是貸款人。

第三級和第二級很像，除了投資在風險更高的投資工具，例如股票、債券、保險和指數型股票基金。同樣地，這級的風險就是如果賠光一切，投資者將失去所有——而且什麼也學不到。

如果你準備好要離開第三級，開始投資財商教育，並且開始掌握自己的金錢，那麼第四級很適合你。

如果你是第四級的專業投業者，那就恭喜你。很少人會投資時間來學習和管理金錢。在第四級成功的關鍵就是終生不斷的學習、擁有很棒的老師、教練以及志同道合的朋友。

第四級的投資者掌握自己的人生，也知道錯誤就是學習和成長的機會。投資的恐懼不會讓他們畏怯，反而挑戰他們。

對我來說，成為一個第五級的資本型投資者就像是站在世界的最高峰。事實上，這世界就是你的囊中物，再也沒有疆界。在科技高速進展的社會，要在這豐饒世界成為資本家，比以往來得更容易。

如果你已經在這個層級，那就繼續學習、持續付出。記住，真正的資本家是慷慨的。因為B象限的資本家知道，你必須付出更多才能收獲更多。

要成為哪種人？你有選擇的自由

關於自由，很棒的一點是你能自由選擇想過什麼樣的人生。

一九七三年、當我二十六歲的時候，我知道我不想再過父母選擇的人生。我不想過著量入為出、每月將薪資花個精光、勉強收支平衡的生活。對我來說，這不是生活。對他們來說可能是好的，但是我內心知道這是不對的。

我也知道回學校再拿更高的學位也不適合我。我知道學校不會讓人有錢，因為我家人都有很高的學歷。我大多數的叔叔和阿姨都有碩士學位，而且有幾個還是博士。

我不想在E象限爬著企業階梯，也不想在S象限中成為專家。所以，我選擇了比較少人走的路，成為企業家及專業投資者。我想擁有到全世界旅行、做生意和投資的自由。

這是我的選擇。我並不建議所有人都做這樣的選擇，但是我建議每個人都該做出選擇，這才是自由的真諦，你有選擇的權力。

我鼓勵你仔細研究審視這五層級的投資者，然後做出選擇。每一層級都有其優缺點、好壞。每層級也都有超乎金錢的代價。

如果你選擇第一、二和三級的話，在這些層級中有許多符合資格的人和機構可以支持你的投資生活。一九七七年，金和我創立了「富爸爸」公司，提供教育類桌遊、課程和教練給那些想成為第四級、第五級的投資人。

關於投資，無中生有是絕對法則

在金錢的世界，常看到ROI這個詞彙，意思就是投資報酬率。看你的談話對象是誰，投資報酬率就會不一樣。舉例來說，如果你和銀行家說話，他們會說：「我們會付你百分之三的利息。」這對很多人來說，聽起來也許不錯。如果你是跟理專交談，他們可能會說：「你可以預期這筆投資每年有百分之十的投報率。」對很多人來說，百分之十的報酬相當令人興奮。

對大多數人來說，尤其是對E和S象限的人而言，報酬率越高，代表風險越高。所以接受百分之十報酬率的人早就預設這筆投資會比從銀行得到百分之三的利息風險來得高。的確也是如此。

諷刺的是，不論是從銀行得到百分之三，或是從股市得到百分之十，風險都是相當高的。存放在銀行的錢，風險來自通貨膨脹及更高額的稅賦，這些都是因為銀行印鈔票所致。股市中的百分之十也有風險，因為高頻交易（HFT）產生的波動，加上菜鳥投資人投資沒有避險。

在我的世界，ROI代表資訊報酬率（Return on Information）。這代表我擁有越多資訊，報酬率就越高，此外也降低了風險。

先提醒大家，等一下我要說的可能會讓許多人覺得太瘋狂，或是好到不可思議。但是我向大家保證，這的確是真的。

在我的世界，也就是第四級和第五級投資人的世界裡，他們預期的投報率是無限大，而且風險很低。無限大的報酬率就是「無中生有」。換句話說，投資者不需要投入資本，就能得到收入。

在前面提過，我在一九七三年參加了一堂房地產課程。在看過一百件不動產之後，我在茂宜島買了一間公寓，貸款是百分之百，這代表我沒有用到自己的錢，而且每個月還有二十五美元進到我的口袋。這二十五美元就是這筆投資的無限報酬，因為我沒有投入任何資金。我再引述一次前面提到的：「現實人生的教育開始了。我開始學會用其他人的錢來賺錢，這是真正的資本家必須要會的技能。」

我知道一個月二十五美元不算很多錢。但是，對來我說，重要的不是錢，是學習一種思考方式，一種將訊息整理過後產生成果的過程。

我今天會有這麼多錢的其中理由，就只是因為我接受的教育和訓練思考的方式不一樣。如果你有《窮爸爸，富爸爸》這本書，你也許記得第一章的名稱就叫做「有錢人不為錢而工作」。E和S象限的人之所以對這句話很有意見，原因就是多數人在學校學到的就是為了錢工作。他們在學校沒學到如何讓別人的錢為他們工作。

當金和我成立「富爸爸」公司，我們從投資人那裡借了二十五萬美元。公司開始順利運轉之後，我們就把錢還完了。今天，這份事業收益上百萬美元，不是只有我和金獲益，還包括許多和「富爸爸」相關的公司和個人。如我所說，資本家都是大方的。

我的重點是，一旦你知道如何無中生有或用別人的錢、用銀行的錢創造收益，就進入了不同的世界。這個世界幾乎和努力工作、高額稅率和低報酬率的E與S象限完全相反。

大多數人相信儲蓄很明智，以及從股市得到百分之十的回報很值得，因為他們缺乏財商教育。你最好的ROI不是投資報酬率，而是資訊報酬率。這就是為什麼財商教育如此重要，尤其是未來的世界充滿了不確定性。

請記住教育的意義：教育讓我們有力量，將資訊轉化為意義。在資訊時代，我們沉浸在大量的財經資訊當中。但是沒有財商教育，我們無法把資訊轉化成生活中有用的意義。

最後，我說I象限是未來最重要的象限。不論你從事什麼，在I象限的表現將決定你的未來。換句話說，就算你在E和S象限的所得很少，在I象限的財商教育將是你通往自由和財務保障的門票。

舉例來說，我姊姊是尼姑。她在S象限幾乎沒有任何收入。但是她持續參加我們的投資研討會，穩定地增加她的財商教育。今天，她的未來一片光明，因為她不再存錢在銀行或買共同基金，而開始投資不動產和白銀。從二〇〇〇年到二〇一〇年這十年間，她在I象限賺到的錢是她一輩子在B象限都賺不到的。

我非常為我姊姊感到驕傲。雖然她是尼姑，但不必成為貧窮的尼姑。

將無形資產變為有形

在我們繼續之前，有幾個重要的問題：

1.你是第幾級的投資者？＿＿＿＿

如果你真的想迅速致富，請反覆閱讀這五個等級。每次我閱讀這些等級時，都能在每個等級中看到符合自己的特徵。我不僅體認到自己的優點，也看到阻礙我前進的缺陷。通往巨富之路就是要強化優點，克服性格缺陷。要做到這一點，首先要認識自己的缺點，而非假裝完美。我們都只想看到自己最好的一面。我這輩子多數時候都夢想成為第五級的資本家。自從富爸爸為我解釋選股和賭馬的人的相似之處開始，我就知道我想成為這種人。但是研究過這幾個等級後，我看出阻礙我前進的性格缺陷。我在第四級發現性格缺陷，這些缺陷總是在壓力下顯露出來。我體內的投機性格是好的，但也不那麼好。在妻子和朋友的引導，以及進一步學習後，我開始處理性格缺陷的問題，並將它們轉化為優點。作為第五級投資者，我的績效立即進步了。

雖然我現在是第五級投資者，但我仍持續反覆研讀這五個等級，改進自己。

2.在不久的將來，你想成為或必須成為哪個等級的投資者？＿＿＿＿

任何想成為第五級投資者的人，都必須先在第四級磨練技能。在邁向第五級的路途中，不能跳過第四級。任何想跳過第四級、直達第五級者，就是貨真價實的第三級投資者——亦即投機者！

如果你對第二個問題的答案與第一題相同，那麼你正處在想要待的地方。如果你對自己身處的投資層級很滿意，就沒必要繼續再往下閱讀。生命中最大的喜悅之一，就是對現狀感到滿意。恭喜你！

如果你仍然想要、且需獲得更多財務知識，並對追求財務自由感興趣，請繼續讀下去。接下來的幾章，將著重在B和I象限中的性格特徵。在這些篇章，你將學會如何輕鬆且不冒風險地從象限左側邁向右側。從左側到右側的轉換，將持續著重在能使右側的無形資產成真。

在開始下一章之前，我還要問最後一個問題：

3.在不到十年的時間裡，從無家可歸到成為百萬富翁，你認為我妻子金和我，必須成為哪種等級的投資人？＿＿＿＿＿

答案在下一章，我將提供個人在通往財務自由的旅程中獲得的一些學習經驗。

第六章

錢不能用眼睛看

金錢是一種觀念，得用心智才能清楚看到。

你不能光用眼睛看錢

一九七四年底，我購買了人生第一個投資專案，位於威基基海灘邊緣的小房子。這是一間價值五萬六千美元的房子，有雙人臥室和單人浴室，是一間相當不錯、可提供出租用的房屋，我知道它很快就會被租出去。

我開車到富爸爸的辦公室，非常興奮地向他顯示這筆交易。他看了一眼文件，立刻抬頭問我：「你準備每月賠多少錢？」

「大約每月一百美元。」我說。

「別傻了，」富爸爸說，「我沒有看這些數字，但是我從這些文件中已看出，你將損失得比這多得多。此外，你到底為什麼投資明知道會賠錢的東西？」

「嗯，這房子看起來不錯，我認為挺值得的。只要稍微粉刷一下，它就會跟新的一樣。」我說。

「這還是不能說明問題。」富爸爸得意的笑道。

「好吧，我的不動產代理商告訴我，不用擔心每個月賠錢，他說幾年以後，這棟房子的價格會翻倍，而且，政府會對我每月的損失提供稅收減免。此外，這是一筆非常好的交易，所以我擔心如果不買，別人會買走。」

富爸爸站起來，關上他辦公室的門。當他這樣做的時候，我知道自己將接受他的教誨。在這以前，我已經上過很多類似的課程。

「那麼，你每月將損失多少錢？」富爸爸再一次問道。

「大約每月一百美元。」我緊張地又說了一遍。

富爸爸一邊瀏覽文件一邊搖頭。那天，我學到關於貨幣和投資的知識，比我過去二十七年裡學到的還要多。富爸爸很高興我主動並投資房產，但是也明確指出我犯了一些可能釀成一場財務災難的毀滅性錯誤。然而，我從這次失敗的投資中吸取的教訓，使我在以後的幾年內賺到幾百萬美元。

錢是用腦袋來看的

「有些東西眼睛是看不到的。」富爸爸說，「不動產就是不動產，公司股票就是公司股票，這些東西你能看到，但是你看不出什麼最重要。決定某種東西是不是一項好投資的還有：交易、財務協定、市場、管理、風險因素、現金流、企業結構、稅法和很多其他的事。」

這時他開始分析這筆交易存在的問題，「你為什麼要付這麼高的利率？你認為投資回報是多少？這項投資與你的長期財務戰略吻合嗎？你的房屋閒置率是多少？你的租金報酬率是多少？你檢查資產合夥人的背景了嗎？你計算管理成本了嗎？你打算用多大比例計算修理費用？你知道這個城市剛宣布要在那個地區修路以改善交通狀況嗎？一條大道就要從你的房前穿過。居民們將搬走，以躲開這個歷時一年的工程，你知道這些嗎？我知道現在市場看好，但是你知道是什麼在驅動市場？商業經濟還是貪婪？你認為這種趨勢會維持多久？如果你的房子租不出去，你將怎麼辦？如果租不出去，你如何讓房子和自己生存下去？還有，是什麼使你認為賠錢是筆好買賣？這是真正令我擔心的事情。」

「看起來這不是一筆好買賣。」我有氣無力地說。

富爸爸笑著站起來，握了我的手。「我很高興你採取行動，」他說，「大多數人想到了，但沒有行動。如果你想做事，就會犯錯，而正是從錯誤中，我們才會學到更多東西。但是一定要記住，任何重要的東西，事實上是無法在教室中學到的，必須透過採取行動、犯錯，然後改正錯誤來學習。這時智慧才會產生。」我覺得好受一些，而且準備學習。

富爸爸繼續解釋，當人們購買一項不動產，或一張股票時，通常是根據他們眼睛所看到的，或者經紀人告訴他們的，或是同事的熱情暗示。他們通常用情感而不是理智進行購買。

「這就是為什麼十個投資者中有九個賺不到錢，」富爸爸說，「雖然他們不一定賠錢，但是他們就是賺不到錢。他們只是收支平衡，賺些錢，也賠些錢。因為他們用眼睛和情感投資，而不是用他們的大腦投資。許多人投資是因為他們想迅速變富有，但他們最後不是成為投資者，而是成為夢想家、盲從者、投機者和騙子，到處都是這種人。現在讓我們坐下來，回到你做的這筆賠錢買賣上，我將教你如何把它變成賺錢的交易。我要開始教你用大腦去看眼睛看不到的東西。」

財商讓你從賠到賺

第二天上午，我回到不動產代理商那兒，回絕了這份協定，並重新協商。這不是一個令人愉快的過程，但是我學到了很多。

三天後，我又去見富爸爸。價格沒有改變，代理商得到全部佣金，因為他應該得到，他為此付出了時間。但是，雖然價格保持不變，投資的條款卻大不相同了。透過重新協商利率、支付條款和償還期，我現在不是賠錢，而是每月能賺八十美元的淨利潤，而且已經扣除了管理費用和閒置費用。若市場不好的話，我甚至能降低價格，而且仍然賺錢。如果市場變得更好，我將提高租金以獲取更多收益。

「按以前的協定，我估計你將每月損失至少一百五十美元，」富爸爸說，「甚至可能更多。如果你繼續用薪水來支付每月損失的一百五十美元，你能支付多少筆這樣的交易？」

「幾乎一筆也無法，」我回答說，「我沒有多餘的一百五十美元。如果這筆生意還維持原樣，我每個月都會覺得手頭緊張，即使享受了稅收減免，我可能不得不再找一份工作以支付這筆投資。」

「可是現在，你能支付起多少筆有八十美元現金流入的交易？」富爸爸問。

我笑著說：「越多越好。」

「現在去找更多這樣的交易吧。」富爸爸點頭表示同意。

幾年後，夏威夷的不動產價格上漲。我不只有一項資產升值，還有七項資產價值增倍。這就是一點財商知識的威力。

關於我的第一筆不動產投資，還要順帶提一件重要的事情。當我把新報價拿給不動產代理商時，他只對我說這句話：「你不能這樣做。」

花費時間最長的是說服代理商，考慮如何做我所希望的事。在每個事件裡，我都從這次投資中學到了教訓，其中之一就是當某人對你說「你不能這樣做」時，他可能正用一隻手指著你，但有三隻手指反過來指向他自己。

富爸爸告訴我，當有人說「你不能這樣做」，並不一定意味著「你不能」，多數情況下是「他們不能」。

有個經典例證發生在很多年前。當人們對想使人類飛上天空的萊特兄弟說「你們不能那樣做」時，感謝上帝，萊特兄弟並沒有聽從。

懂得照顧錢，錢便會走向你

每天都有一萬四千億美元透過電子系統環繞地球運轉，而且金額正在增加。今天，被創造和可獲得的貨幣比以往任何時候都多。問題是，這些貨幣是看不見的，它們是電子貨幣。所以，當人們用眼睛尋找貨幣時，看不見任何貨幣。大多數人靠薪水辛苦的生活，然而每天有一萬四千億美元環繞地球，找尋想要它的人。它在找尋知道如何照顧它、培育它，並使它成長的人。如果你知道如何照顧貨幣，貨幣就會湧向你，並且給你貨幣的人會乞求你收下它。

但是，如果你不知道如何照顧貨幣，貨幣就會遠離你。記住富爸爸對財商知識的定義——「財商知識不是你能賺多少錢，而是你能保有多少錢、錢為你工作的努力程度，以及這筆錢能維持多少代。」

「一般人在投資時，九十五％是靠眼睛，僅五％是靠頭腦，」富爸爸說，「如果你想成為象限右側的B和I那樣的專業人員，你需要訓練眼睛只占五％，而頭腦占九五％。」那些訓練用頭腦看錢的人，對那些沒有這樣做的人有巨大的影響力。

他對我聽從誰的財務建議態度強硬。「大多數人在財務上努力掙扎，就是因為他們聽從了那些和他們一樣對貨幣一竅不通的人的意見。如果你想讓錢到你手上，必須知道如何照顧它。如果錢在腦中沒有處於第一位，它就不會黏在你的手上。如果它不黏在你手上，那麼錢以及有錢人都會遠離你。」

訓練大腦認識錢，得先懂點金融學

那麼，訓練用大腦看錢，第一步要做什麼呢？答案很簡單，就是金融學。金融學使你具有理解資本主義語言和數字系統的能力。如果你不理解這些語言或數字，可能就像在學外語，而且在很多情況下，每個象限都代表著一種外語。

如果你觀察下圖的現金流象限，每個象限就像一個不同的國家，他們都使用不同的語言。如果你不明白他們的話語，你也無法理解他們的數字。

例如醫生說「你的收縮壓是一百二十，舒張壓是八十」，這是好還是壞呢？這就是你需要知道的有關健康的全部資訊嗎？答案顯然不是，但是，這將是一個開始。

這就好比說：「我股票的本益比是『十二』，我公寓的租金報酬率是『十二』。這是我需要知道有關財富的全部資訊嗎？答案還是否定的，但這同樣意味著一個開始。至少我們開始說同樣的語言，使用同樣的數字，而這就是金融學、即財務知識基礎的開始。

開始就是要認識這些語言和數字。」

醫生說的話來自S象限，而後一類人說的語言和數字，則出自I象限。它們可能也是不同的外語。

「賺錢首先就要花錢。」我不同意人們這麼說。

依我的觀點，用錢賺錢的能力起源於對這些言語和數字的理解。就像富爸爸一直說的：「如果錢在你腦中沒有處於第一位，它就不會黏到你的手上。」

知道真正的風險是什麼

訓練你的大腦認識錢，第二步是學會識別真正的風險是什麼。當人們對我說投資是有風險的，我會說：「投資沒有風險，沒文化才有風險。」

投資更像飛行，如果你念過飛行學校，並用幾年時間擁有一定的經驗，那麼飛行是充滿樂趣和令人興奮的。但是如果你從沒念過飛行學校，建議你把飛行留給別人。

富爸爸堅信，任何財務建議都比沒有財務建議好。他是一個思想開放、謙遜有禮的人，能傾聽很多人的意見。但是最後，他憑藉自己的財商知識做決定。「如果你一無所知，那麼任何財務建議都比沒有好。但是如果你不能區分出好建議和壞建議，任何財務建議都將非常危險。」

富爸爸堅信，大多數人在財務方面努力掙扎，是因為他們按照從父輩傳下來的財務資訊行事，並且大多數人都不是出身顯赫的家庭。「壞的財務建議是有風險的，而大多數壞建議都是從家庭傳下來的，」他經常這樣說，「不是因為說了什麼，而是因為做了什麼。孩子們透過例子學習，多於透過語言學習。」

你的顧問只能和你一樣聰明

富爸爸說：「你的顧問只能和你一樣聰明。如果你不聰明，他們就不能告訴你太多；如果你有財務知識，有能力的顧問就能為你提出更複雜的財務建議；如果你沒有財務知識，他們就必須按照法律為你擬定安全、沒有風險的財務戰略；如果你不是一個老練的投資者，那麼他們也僅能建議低風險、低回報的投資，例如『多樣化』投資。沒有哪個顧問會選擇花時間教你，因為他們的時間也是金錢。因此，如果你靠自己學到的財務知識經營金錢，有能力的顧問會告訴你只有少數人才會看到的投資和戰略。但是首先，你必須先使自己變得有知識。永遠記住，你的顧問只能和你一樣聰明。」

富爸爸與幾位銀行家保持來往，他們是他財務小組的重要組成部分。雖然他是他們的親密朋友，並且尊敬他們，但他始終認為必須為自己的最大利益小心警惕，就像他期望那些銀行家為自己的最大利益小心一樣。

經歷了一九七四年的投資後，富爸爸問我：「當銀行家告訴你，你的房子是一項資產時，他是在說實話嗎？」

因為大多數人都沒有金融知識，不了解金錢遊戲，所以他們通常必須聽從信賴的人的建議。如果你沒有金融知識，那麼你需要信賴某個有金融知識的人。很多人根據別人的建議，而不是自己的意見投資或管理金錢，這樣做是有風險的。

他們沒有說謊，他們只是沒告訴你事實

事實上，當銀行家告訴你，你的房子是一項資產時，他們不是在對你說謊，只是不想告訴你全部的事實。當你的房子是一項資產，他們卻不說它是誰的資產。如同你讀財務報表，就很容易發現房子並不是你的資產，而是銀行的資產。記住富爸爸對資產和負債的定義，這出自《富爸爸，窮爸爸》一書：「資產是能把錢放進你口袋裡的東西；負債是把錢從你口袋裡取走的東西。」

事實上，象限左側的人不需要知道這種區別。他們大部分人對工作穩定很滿意，有

自認為屬於他們的漂亮房子，他們為此感到驕傲，並認定自己對房子有控制力，只要支付分期付款，就沒有人能把房子拿走。

但是，象限右側的人需要知道這樣的區別。想擁有財務知識和財務ＩＱ，就要全面了解貨幣的知識。在財務方面有一定基礎的人知道抵押貸款不是一項資產，而是平衡表上的一項負債。你的抵押貸款事實上是對方的資產負債表，即銀行的資產負債表的一項資產，而不是你的資產。

任何記過帳的人都知道，資產負債表必須平衡，但平衡點在哪?事實上，你的資產負債表並不平衡。如果看看銀行的資產負債表，就知道這些數字的真正含義。

現在它平衡了，合理了。這就是「Ｂ」和「Ｉ」的記帳辦法，但這不是基礎會計所教的方法。在會計學中，你會把房子列為資產，而把抵押貸款列為負債。還要注意的是，房子的價值隨市場波動而變化，而抵押貸款是確定的負債，不受市場影響。但是，對於「Ｂ」或「Ｉ」，房子的價值不被

銀行的資產負債表

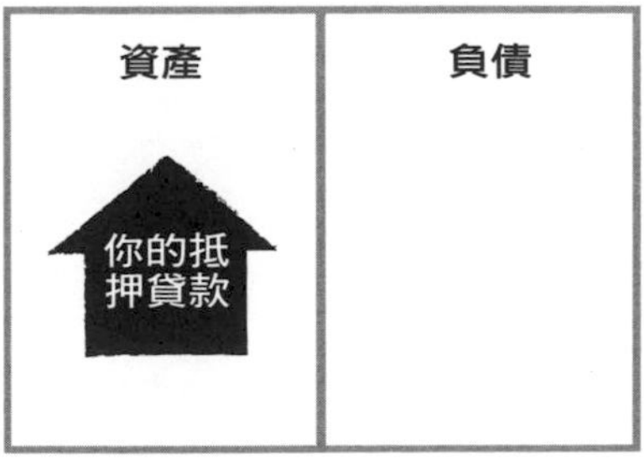

你的資產負債表

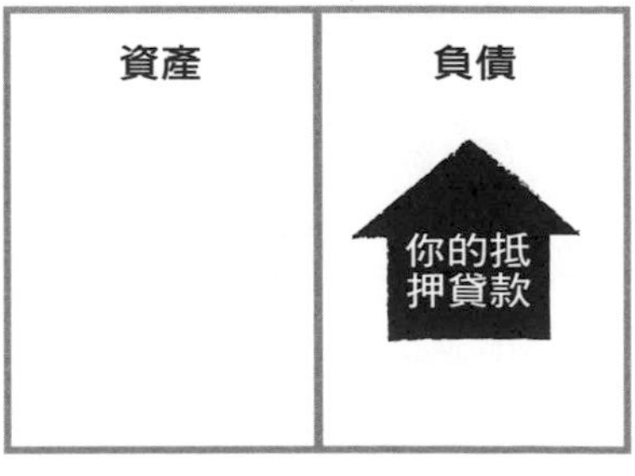

看作資產，因為它不能帶來現金流。

還清抵押貸款，房子就變資產嗎？

許多人問我：「如果我還清了抵押貸款，情況又會怎樣？這時我的房子是資產嗎？」我的回答是：「大多數情況下，答案仍是否定的，房子仍然是一項負債。」有幾個原因可以解釋。一是維修費和保養費。財產就像一輛汽車，即使你不使用，仍要不斷花錢維護，一旦開始出現問題，所有問題都會跟著出現。大多數情況下，人們用稅後收入支付房子和汽車的修理費用，而B和I象限中的人只把產生收入、帶來正數的現金流財產列為資產。

沒有抵押貸款的房子也是負債的原因是，你沒有真正擁有它，我是說真正地擁有。即使你擁有，政府也要向你徵稅。只要停付財產稅，你就會發現誰才真正擁有你的財產。

這就是稅收留置權的起源，這點我在《富爸爸，窮爸爸》一書中曾經提過。稅收留置證券是一個獲得至少十六%利息的好方法，如果房主不繳納財產稅，政府將對他們應收的稅收徵收利息，利率從一〇到五〇%。讓我們討論一下這種暴利，如果你不繳納財產稅，像我一樣的人等於替你繳納，那麼在很多州，你就欠了我稅收以及利息。如果在一定時間內，你不付稅收和利息給我，我可以僅因投入的錢就拿走你的房子。大多數情況下，財產稅在退還時有優先權，甚至優先於銀行抵押貸款。我曾有機會買到一些房子，為此只繳了幾千美元的稅金。

再次強調，要用你的大腦而不要用眼睛看錢。為了訓練頭腦，你現在必須知道相關辭彙的真正定義和數字系統。

首先你應該知道資產和負債的區別，而且要知道抵押貸款的定義是一項直到死亡都有效的協定，以及財務的定義，即財務意味著懲罰。你現在要學習「不動產」這個詞的來源，以及一個流行的金融工具叫「衍生工具」。很多人認為衍生工具是新事物，但事實上，它們很早就出現了。

衍生工具的簡單定義是派生於別的事物中的事物。衍生工具的一個例子是橘子汁，橘子汁是橘子的一種衍生品。

我過去常認為，不動產意味真實的或是可觸摸的某種東西。富爸爸向我解釋，英文的不動產（Real Estate），實際上誕生於西班牙語的「真實的」一詞，指「皇室的」。「El Camino Real」是指皇室的馬路，不動產是指皇室的資產。

約莫西元一五〇〇年，農業時代結束，工業時代開始，權力不再基於土地和農業。君主們認識到，他們不得不根據土地改革法案進行改革，該法案允許農民擁有土地。這時，皇室創造出衍生工具。這些衍生工具，比如透過對土地所有權的納稅和抵押貸款，成為讓平民融資並獲得土地的一種方式。稅收和抵押貸款是衍生工具，因為它們起源於土地。你的銀行家不會稱抵押貸款為衍生工具，他們會說它是由土地「保證」的，不同的說法，相同的含義。因此，當皇室知道金錢不再源於土地，而是產生於土地的衍生工具時，君主們建立了銀行，讓銀行管理新增加的事務。今天，土地仍叫不動產，因為無論你為它支付多少錢，它都不真正屬於你，它仍舊屬於皇室。

你的真實利率是多少？

富爸爸為他支付的每一分利率，進行態度強硬的鬥爭和協商。他問我：「當銀行家告訴你，你的利率是八%時，這是真的嗎？」

我知道這不是真的，只要你學會讀數字就會了解。

讓我們假設，你買了一棟價值十萬美元的住宅，頭期款為二萬美元，並以八%的利率和三十年償還期，向銀行借到剩下的八萬美元。

五年後，你將付給銀行三萬五千二百二十美元，其中三萬一千二百七十六美元是利息，僅有三千九百四十四美元是償還本金。

如果你持有這筆貸款三十年，將支付本金加利息共二十一萬一千三百二十三美元，遠遠超過最初借的八萬美元。你支付的利息總和是十三萬一千三百二十三美元。

另外，這二十一萬一千三百二十三美元，還不包括財產稅和貸款保險費。

有趣的是，十三萬一千三百二十三美元看起來，比八萬美元的八%要多得多。這更像是利率為一六〇%的三十年貸款。如我所說，他們並不是在說謊，只是沒有說出全部事實的真相罷了。如果你不會讀數字，永遠也不會知道；如果你對房子很滿意，實際上也不會介意。但是，當然，他們知道幾年以後，你又會想買另一棟新房子、更大的房子、更小的房子、一棟別墅，或者重新融資抵押貸款。他們知道這點，且事實上，他們正熱切等待著它發生。

在銀行業，抵押貸款的平均期限是七年，即銀行期望你每七年買一次新房子，或重新融資一次。這意味著，他們希望每七年後收回最初的八萬美元，再加上四萬三千二百九十一美元的利息。

這就是稱之為抵押貸款的原因，這個詞起源於法語「mortir」，意思是「死前協定」。事實是大多數人努力工作，不斷使用新的抵押貸款。針對這些，政府提供稅收減免，鼓勵納稅人購買更貴的房子，而這表示將有更多財產稅交給政府。不要忘記，每家抵押貸款的公司還會要求你為貸款購買地產保險。

每次我看電視，都會看到那些商業廣告裡，英俊的職業棒球和橄欖球運動員微笑勸說，把所有信用卡債務變成「帳單合併貸款」。這樣，你能還清所有信用卡費，並以更低的利率獲得新的貸款。這時他們會告訴你為什麼這樣做是明智的：「帳單合併貸款是一項聰明的轉移，因為政府將給你支付抵押貸款利息的稅收減免。」

觀眾認為他們看到良機，於是跑到金融公司，重新對住房進行融資，還清他們的信用卡，還覺得自己相當明智。

幾週之後，他們去逛商店，看到一件新衣服、一台新除草機，或者意識到他們的孩子需要一輛新的自行車，或因為精疲力盡而需要度假。於是他們不得不辦一張新的信用卡：或是他們收到一張新信用卡，因為他們還清了另一張。他們有很好的信用，他們支付帳單，意志堅定並對自己說：「噢，持續下去。這樣，每月可以還清一些。」

於是，情感戰勝了邏輯，新的信用卡從隱蔽處溜了出來。

正如我所說，當銀行家對你說「你的房子是一項資產」時，從某種意義上說，他們是在說謊。當政府為你的負債提供稅收減免時，這不是因為他們關心你的財務未來，政府關心的是自己的財務未來。因此，當銀行家、會計師、律師和老師誠實告訴你，你的房子是一項資產時，他們沒有說出那究竟是誰的資產。

那儲蓄是資產嗎？

現在，你的儲蓄才是真正的資產，這是好消息。但是，同樣，如果你讀一讀財務報表，將會看到全貌。雖然儲蓄的確是資產，但是當你看到銀行的資產負債表時，資產就變成了負債。下面右圖是儲蓄和支票薄餘額在資產欄位中的樣子。

下面左圖是儲蓄和支票簿餘額在銀行的資產負債表中的位置。

為什麼儲蓄和支票簿對銀行來說是一項負債？因為他們必須為你的錢支付利息，並且花錢保護它。如果你能理解這些描述和辭彙，將可以開始好好理解那些眼睛看不到的金錢遊戲。

如果你留意一下會發現，借錢購買房屋會使你獲得稅收減免，而存錢卻不會獲得這樣的好處。你不覺得奇怪嗎？

我沒有確切的答案，但是可以推測，很大原因就是儲蓄對銀行來說是負債。銀行為什麼要讓政府透過一項法律，鼓勵你把錢放在銀行，而這錢將成為他們的負債呢？

銀行的資產負債表

資產	負債
	你的儲蓄 你的支票簿結餘

你的資產負債表

資產	負債
儲蓄 支票簿結餘	

其實銀行不希望你儲蓄

此外，銀行事實上不需要你的儲蓄。他們不需要這麼多存款，因為他們可以把錢放大至少十倍。如果你把一美元存在銀行，按照法律，銀行可以貸出十美元，而且，如果沒有中央銀行的準備金限制，還可能更多。這意味著，你的一美元突然變成十美元，或者更多。多麼神奇啊!當富爸爸告訴我這些時，我愛上這個想法。那時，我知道我想擁有銀行，並且不想上學，想成為銀行家。

基於此，銀行可以為你的一美元僅付五％的利息。作為消費者，你覺得安全，因為銀行為你的錢付了錢。銀行把這看成是良好的客戶關係，因為如果你在他們那兒有儲蓄，就可以向他們借錢。他們想讓你借錢，因為他們能對你借的錢收取九％或更多的利息。當你一美元賺五％的利息時，他們可以用一美元產生的十美元，賺九％或更多利息。最近我收到一張信用卡，廣告說利率是八．九％，但如果你知道這些精心印刷的合法行話，你會發現事實上是二十三％利率。不用說，你會把那張信用卡剪成兩半寄回去。

政府不給儲蓄提供稅收減免的另一個原因更明顯。如果你能讀懂這些數字，並看出現金流向何處的話，你會發現，不管怎樣，他們就是拿到你的錢了。你存在資產欄位裡的錢，正在以抵押貸款的利息支付形式流出你的負債欄位。現金流形式如左圖。

因此，他們不需要政府為你提供稅收，激勵你儲蓄。不管怎樣，他們都會拿到你的錢，以債務利息的形式。

政客們不會干涉這個系統，因為銀行、保險公司、建築業、房產經紀人和其他人為政客捐獻了不少錢競選，政客深知這種遊戲的奧妙。

你欠越多人的債，你就越窮

一九七四年，我的富爸爸坐立不安，因為這種遊戲正不利於我，而我卻全然不知。我買了那項不動產投資，並處於賠錢的境地，卻被引導著堅信那會成為賺錢的投資。

「我很高興你進入這種遊戲，」富爸爸說，「但是因為從沒有人告訴你這遊戲是什麼，應該怎麼玩，所以你已被吸引，加入失敗者的隊伍中。」

這時，富爸爸解釋了這遊戲的基本知識，「資本主義遊戲的名字是『誰欠誰的債？』」他說，一旦了解這種遊戲，就能成為一個更好的玩家，而不是讓遊戲擺弄你。

「你欠越多人的債，你就越窮，」富爸爸說，「越多的人欠你債，你就越富有。這就是遊戲規則。」

如我所說，我盡力保持思想開放，因此我沉默不語，聽他解釋。他沒有惡意去評價什麼，只是解釋他所看到的遊戲。

「我們都欠某個人或某些人債，當債務失去平衡時，就會出現問題。不幸的是，這個世界上的窮人，被這種遊戲耍得太狠，他們也不可能再陷入比這更深的債務中。對於那些窮國，情況也是如此。整個世界只從窮人、弱者和沒有財務知識的人那裡獲取財富。如果你有太多債務，世界就會拿走你所有的東西，你的時間、工作、家庭、生活、信心，然後拿走你的尊嚴。我沒有制定規則，也沒有去構造遊戲，但是我了解這種遊戲，而且我玩得很好。我會向你解釋，希望你也能學會玩這種遊戲。在你掌握了遊戲之後，就能用所了解的規律行事了。」

貨幣是一種負債

富爸爸繼續解釋，甚至我們的貨幣也不是一種權益證明，而是一種債務工具。過去每一美元都是由金或銀支援，但現在貨幣只是一種借據，由發行國的納稅人來擔保支付。只要其他國家相信美國納稅人能工作，並支付這種稱作貨幣的借據，世界就相信美元。如果貨幣的關鍵因素，也就是信心這東西突然消失，那麼，經濟就會像積木搭建的房子一樣倒塌，而這種房子在歷史上已經倒塌過多次。

例如，德國威瑪政府發行的馬克在第二次世界大戰前已經變得幾乎沒有價值。就像一個故事敘述的那樣，一個老婦人推著滿滿一手推車的馬克去買麵包，當她回來時，有人偷走了手推車，卻留下滿街沒有價值的貨幣。

這就是為什麼，大多數貨幣都被看成是「法定」貨幣，而這種貨幣卻不能被轉換成某種有形的東西，如金或銀。貨幣只有在人民相信政府能收回它時才管用。法定的另一種定義是由擁有最後權力的個人或集團制定的專制規則或命令。

今天，全球大部分經濟基於債務和信心。只要我們堅定信念，並且沒有人打破秩序，一切都將順利進行（fine）。

而「fine」這個詞是我特有的一種縮寫，即「不安全的、神經質的和情緒化的感覺」

（Feeling Insecure Neurotic and Emotional）。

這場金錢遊戲，你想加入哪一隊？

回顧一九七四年，當時我正在學習如何購買那棟價格五萬六千美元的套房，富爸爸給我上了重要的一課，他教我如何安排交易。

「『誰欠誰的錢？』是這種遊戲的名字，」富爸爸說，「有人用債務阻礙你。這就像是你和十個朋友去吃飯，你去了趟洗手間，等你回來時，帳單擺在那兒，但朋友都不見了。如果你想玩這種遊戲，最好學會它，並了解規則，說同樣的語言，知道是誰和你一起玩。否則，不是你玩遊戲，而是遊戲玩你。」

起初聽到富爸爸的話，我很生氣，但我還是認真聽了，並盡力去理解。最後，他以我能理解的方式解釋道，「你喜歡玩橄欖球，是嗎？」他問。

我點點頭，「我喜歡這項運動。」我說。

「嗯，金錢是我的運動，」富爸爸說，「我喜歡金錢遊戲。」

「但對許多人來說，金錢不是一種遊戲。」我說。

「的確如此，」富爸爸說，「對大多數人來說，這是生存，是一種人們討厭但又被迫參與的遊戲。不幸的是，人類變得越文明，金錢就越成為我們生活的一部分，不可或缺的一部分。」

富爸爸畫出了下面的現金流象限，「把它看成網球場，或者足球場，或橄欖球場。如果你想參加金錢遊戲，那麼你想加入哪個隊呢？E、S、B還是I呢？或者你想在球場的哪一邊，右邊還是左邊呢？」

我指了指象限的右側。

你可以在遊戲中負債，但前提是得有人支付它

「很好，」富爸爸說，「因此你在玩遊戲時不能離開，而且不能相信某個銷售代理商告訴你為期三十年、每月損失一百五十美元的交易是筆好買賣，不能相信政府會為你的損失提供稅收減免，不動產價格會上漲之類的話。你不能用這種思考方式參與遊戲，雖然這些想法可能是正確的，但這不是在象限右側進行遊戲的方式。有人正在勸你借債，冒所有的風險，並為債務付錢。象限左側的人也許會認為這是個好主意，但右側的人不

會這樣想。」我略微搖了搖頭。

「用我的方式觀察它，」富爸爸說，「你願意為這棟房子付五萬六千元，你簽下了債務合約並承擔風險。房客支付低於成本的租金，不足部分由你提供津貼。現在懂了嗎？」

我搖了搖頭，「不懂。」

「我參與這種遊戲的方式是，」富爸爸繼續說，「如果我負債並承擔風險，那麼我應該得到支付。但是現在你得到了嗎？」

我又搖了搖頭。

「賺錢是基本常識，」富爸爸說，「這不是高深的科學。不幸的是，一旦涉及到金錢，常識也變得不簡單了。銀行家告訴你應該借債，告訴你政府會對沒有基本經濟意義的事物免徵稅收，然後不動產銷售代理商告訴你，應該簽署這些協定，這是因為依他所見，房價將會上漲。如果你覺得這些有道理，就說明你跟我對錢的常識不同。」

我站在那兒，聽他說每一句話。我必須承認，我曾經對這筆生意感到興奮，以至於失去理性。我沒有分析這次交易，因為這筆交易「看起來」不錯，它使我變得貪婪和興奮，再也聽不到那些數字和語言在盡力告訴我的事情。

就在那時，富爸爸告訴我一條重要的規則，這條規則他一直使用著：「你的利潤是在你購買時，而不是賣出時產生的。」

富爸爸確信，無論他借債或承擔風險，都必須在他購買時就有意義；它必須在經濟變壞時有意義，而且在經濟變好時更有意義。他從不靠稅收技巧或水晶球去預測未來的購買，一筆交易必須在經濟好和壞時，都有很好的經濟意義。

我開始理解他所看到的金錢遊戲，那就是，讓別人欠你債，並小心你欠的債。今天，我仍聽到他這樣說：「如果你負債並承擔風險，要確信你為此能得到支付。」

富爸爸也有負債，但是他總是很小心。「負債時你要小心，」他建議說，「如果你個人借債，要確信債務不多；如果你負債很多，就要確信有人正在為它支付。」

他把金錢和債務遊戲看成是愚弄你、愚弄我，愚弄任何人的遊戲。企業與企業、國家與國家都在進行這種遊戲，但這僅僅是遊戲。問題是，對大多數人而言，金錢不是遊戲，而是生存，甚至是生活本身。可悲的是，因為沒有人向他們解釋怎麼玩，所以他們仍舊在相信銀行家的話：房子是一項資產。

你也把建議當成事實了嗎？

富爸爸繼續說，「如果你想在象限右側獲得成功，那麼當涉及到金錢時，必須知道事實和建議之間的區別。你不能像象限左側的人那樣盲目接受財務建議，你必須明白這些數字，知道事實，而數字能告訴你事實。你的財務生命依靠事實，而不是某個朋友或顧問的冗長建議。」

「我不明白事實或建議之間，到底有什麼區別？」我問。「前者比後者好嗎？」

「不是，」富爸爸回答說，「只是要知道某件事何時是事實，何時是建議。」

我站在那兒，仍然感到困惑。

「你知道你家的房子值多少錢嗎？」富爸爸問。他在試圖透過另一個例子幫助我消除困惑。

「我知道，」我迅速回答說，「我爸媽現在想把房子賣掉，所以他們在徵求不動產代理商的意見。他們說這房子值三萬六千美元，也就是說，我爸爸的淨資產增加了一萬六千美元，因為五年前買房時只花了二萬美元。」

「那麼這個判斷對你爸爸的淨資產來說，是事實、還是建議呢？」富爸爸問。

我想了一會兒，明白他的意圖。「兩個都是建議，不是嗎？」

富爸爸點了點頭，「非常好，大多數人在財務方面努力掙扎，因為他們一生都是靠接受建議而不是根據事實，來做出財務決策。這些建議包括：

・你的房子是一項資產

・不動產價格總是上升

・績優股是你最好的投資
・要賺錢首先要花錢
・股票總是優於不動產
・你應該使資產組合多樣化
・想富有就必須欺詐
・投資有風險
・要安全地玩遊戲等等

我坐在那兒，認真思考著，發現在家裡聽到大部分有關金錢的事情，事實上都是人們的建議，而不一定是事實。

「黃金是資產嗎？」富爸爸問，把我從白日夢中拖出來。

「是，當然是，」我回答說，「黃金是唯一經受得起時間考驗的真正貨幣。」

「你再想一想，」富爸爸笑著說，「你現在所做的，只是在重複別人關於資產的觀點，而不是檢驗事實。」

「黃金是唯一的資產，按照我的定義，如果你的買入價低於賣出價，那麼它就是資產。」富爸爸慢條斯理的說，「換句話說，如果你買時花了一百美元，賣時得到二百美元，那麼它就是資產。但是，如果你買一盎司黃金花了二百美元，賣時只得到一百美元，這次交易中的黃金就是一項負債。正是交易中這些真實的財務數字告訴你事實。實際上，唯一的資產或負債是你自己，因為最後是你把黃金變成資產，同樣也是你才能把黃金變成負債。這就是為什麼財務教育如此重要的原因。我看到如此多人把一間非常好的企業或不動產變成一個財務惡夢，很多人對待他們的生活也是如此，他們把辛苦賺來的錢變成終生的債務負擔。」

我更加糊塗了，心中感到一陣疼痛，甚至懷疑富爸爸是在拿我的大腦開玩笑。

「許多人被捲進去，因為他們不知道事實。每天我都聽到一些可怕的事情，說有人賠掉他所有的錢，因為他把建議當成事實。做財務決策時聽取建議可以，但你最好知道區別。很多人根據代代相傳的建議，做出人生決策，然後他們奇怪為什麼總在財務困境中苦苦掙扎。」

「什麼樣的建議？」我問。

富爸爸笑了起來，然後回答說：「好吧，讓我給你列舉幾個我們都聽過的建議。」

・妳應該嫁給他，他會是一個好丈夫
・找一份穩定的工作，別動不動就換工作
・醫生賺很多錢

- 他們有大房子，一定很有錢
- 他肌肉發達，一定很健康
- 這車不錯，肯定適合老婦人開
- 沒有足夠的錢讓大家都變富有
- 地球是平的
- 人類永遠不會飛
- 他比他姊姊聰明
- 債券比股票安全
- 犯錯的人真傻
- 他從不賣低價
- 她從不和我出去
- 投資有風險
- 我永遠也不會有錢
- 我沒念過大學，所以永遠也不會排在前面
- 你應該多元化地投資
- 你不應多元化地投資

富爸爸不停說，到最後，他看出我已經聽煩了。

「好吧！」我說，「你究竟想說什麼呢？」

「我還以為你永遠不會打斷我，」富爸爸微笑說，「關鍵是大多數人的生活，都是由他人的建議而不是事實決定的。要改變一個人的生活，首先要改變他們的建議，然後開始觀察事實。如果你會讀財務報表，你將會看到事實，而不只是一家公司的財務成功。如果你會讀財務報表，你能立即說出應該怎樣做，而不是聽從他人的意見。正如我所說的，想要在生活中，尤其是財務方面獲得成功，你必須知道區別。如果你不能證明某件事是事實，那麼它就只是一個建議。財務上的無知是指，當一個人不會讀財務報表時，他們必須仰賴別人的建議；更荒唐的是，他們把這些建議當成事實。如果你想處在象限右側，你就必須知道事實和建議之間的區別，沒有比這更重要的教訓了。」

我坐在那兒，安靜聽著，盡力理解他的話。雖然表面上這些都是簡單的概念，但當時我真的無法完全理解。

「你知道『善盡調查職責』是什麼意思嗎？」富爸爸問。

我搖了搖頭。

「善盡調查職責就是說你要做功課，查明哪些觀點是建議，哪些是事實。然而談到金錢時，大多數人都很懶惰，或者總想尋找捷徑，因此他們沒有善盡調查職責。還有一些人擔心犯錯，以至於雖然已經盡責調查，卻沒有採取任何行動。過多的盡責調查就是分析偏執狂，關鍵是你必須知道如何篩選事實和建議，然後做出決策。如我所說，現在大多數人都處在財務困境，這只是因為他們走了太多的捷徑，並根據建議而不是事實，來做出他們生活中的財務決策，而這些建議通常來自於E或S。如果你想成為B或I，你必須儘快知道這種區別。」

那天我對富爸爸的教導並沒有感到激動萬分，然而幾乎沒有什麼教導對我的幫助比這更大了，尤其是每當我處理金錢問題時。這條教導就是：認識事實和建議之間的區別。

多年後，在九〇年代初，我的富爸爸觀察到當時股市飆升，對此他唯一的評論是：「這次股市飆升是高薪員工和高薪自由工作者開始參與投資的結果，這些人賦稅過多，債務龐大，資產組合中只有證券資產。如果他們僅聽從那些以為知道事實的人的建議，他們將損失幾百萬美元。」

美國最偉大的投資家華倫．巴菲特曾經說：「如果你在牌桌上坐了二十分鐘，還看不出來誰是嫩咖，那個嫩咖很可能就是你了。」

為何人們為金錢苦苦掙扎

最近，我聽說大部分人從離開學校直到去世，一直都處在債務困境中，如左圖所示。

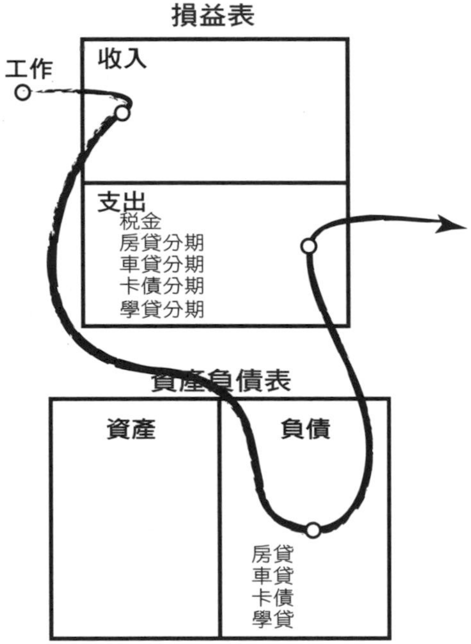

別人的資產負債表

如果你現在了解這種遊戲，那麼你可能認識到，這些負債必定出現在某個人的資產負債表中，具體如下：

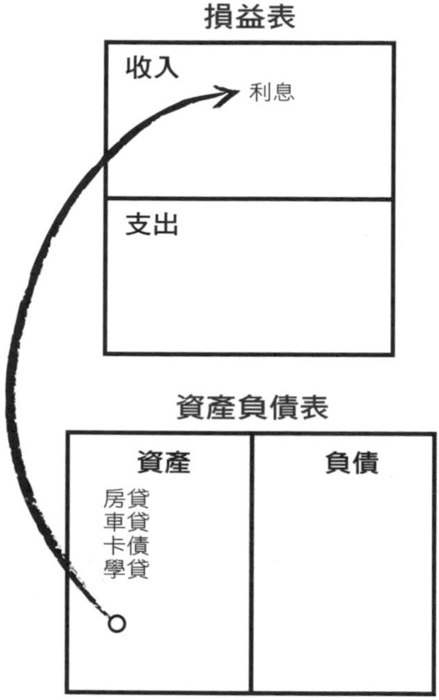

每當你聽到「低頭期款，輕鬆每月支付」，或者「不必擔心，政府會為這些虧損提供稅收減免」這些話時，就知道他們在引誘你加入這種遊戲。如果你想獲得財務自由，

就必須變得更聰明。

對於大部分人來說，沒有人欠他們債，他們也沒有不動產（為他們帶來貨幣的東西），總是在欠其他人債，因此他們堅持尋求工作安全，為錢而努力掙扎。要是沒有工作，他們會在瞬間破產。據說，一個普通的美國人距離破產平均僅不到三個月的薪水，這是因為他們一直在尋求更好的生活，卻被金錢遊戲所困。房樑正在砸向他們，而他們還以為房子、汽車、高爾夫球俱樂部、衣服、別墅和其他玩意都是資產。他們總是相信別人告訴他們的話，也不得不相信，因為他們不會讀財務數字，不能判斷出事實和建議之間的區別。他們當中的大多數人也不得不去上學，學習成為這場大遊戲中某個小遊戲的參與者，但是沒有人為他們解釋遊戲規則。

沒有人告訴他們這種遊戲的名字叫「誰欠誰的債」，因為沒人告訴他們，他們就是欠債的人。

我真誠希望你現在已經掌握現金流象限的基本知識，並且知道金錢事實上是一個概念，用大腦觀察它，比用眼睛觀察更清楚。學習金錢遊戲和玩法，是通向財務自由過程中的重要部分，而更重要的是，你需要成為現金流象限右邊的那種人。本書第二部將集中討論如何成為最好的自己，並分析下面這個公式：

成為——去做——真正擁有（BE——DO——HAVE）

第二部

象限右側的人

第七章 成為你想成為的自己

真正的課題是自己必須面臨的改變，以及自己需要成為什麼樣的人物。

「關鍵不在於無家可歸，」富爸爸說，「而在於你是誰。不斷地奮鬥，你將會成為一種人；停下來，你也會成為另一種人，但這二者絕不是同一種人。」

對於那些正考慮從追求工作安全，變為追求財務安全的人來說，我所能做的事就是鼓勵你們。在我有勇氣繼續前進之前，妻子和我經歷了無家可歸的痛苦和絕望，這是我們曾經走過的路，但不一定是你要走的路。就像前面描述的那樣，或許會有現成、更適合你的系統，幫助你跨上通往象限右側的橋樑。

關鍵是在這個過程中，內心所經歷的變化，和你究竟想成為誰。對於某些人，這個過程很容易，而對於另一些人，這過程永遠不可能實現。

富爸爸總是對我們說：「錢是毒品。」

當我們為他工作時，他拒絕付錢，主要理由是他不想讓我們沉溺於為錢而工作。「如果你們沉溺於金錢，」他說，「就很難再擺脫它。」

當我從加州打電話給他，以一個成年人的身分向他借錢，他並不打算打破多年前和我建立的模式。我們小時候，他不給我們錢，現在他也不會給。同樣地，他仍舊很嚴厲，引導我不要沉溺於為錢而工作。

他稱錢是毒品，是因為他注意到，人在有錢時會很高興，沒錢時就煩燥不安或心情沮喪。這就像吸毒者，在注射毒品時，會變得很興奮；而沒有毒品時，就會變得沮喪和充滿暴力。

「小心錢癮的威力，」他經常說，「一旦你習慣它，就無法脫離得到它的途徑。」

換句話說，如果你作為一個員工賺錢，就傾向於這種獲得錢的方式；如果你習慣作為一個自由工作者賺錢，就很難改變這種賺錢方式；如果你習慣於政府施捨，那麼這也將是難以打破的方式。

「從象限左側轉移到右側，最艱難的部分就是必須與現在的賺錢方式脫離，」富爸爸說，「這不只是打破一個習慣，這是在打破一種沉溺。」

因此，他對我們強調，永遠不要為錢工作。他堅持讓我們學習創建自己的系統，並以此作為獲得金錢的一種途徑。

當你需要錢時，你會做什麼？

對於太太和我，當我們決心要成為B象限的人時，最艱難的部分就是我們以前的所有條件仍在阻礙著我們。當朋友說「你為什麼這樣做？你為什麼不找份工作」時，我們感到十分為難。

更困難的是，我們的一部分性格，也想讓自己回到已經習慣的薪水保障去。

富爸爸對我們解釋，金錢世界是一個大系統。作為一個人，我們應學習如何在這系統中按照某種方式進行操作。例如：

「E」為系統工作。

「S」是系統。

「B」創造、擁有，或控制系統。

「I」投資於系統。

富爸爸談論的方式，使我們自然而然了解到金錢的運動方式，這種方式融於我們的身體、大腦和靈魂中。

「當人覺得需要錢時，」富爸爸解釋，「E會自動尋找工作，S通常會獨自做些事情，B會創辦或購買一個產生錢的系統，而I會找機會投資於一項能產生錢的資產。」

「人難以改變一種方式的原因是，」富爸爸說，「金錢對於生活不可少。在農業時代，金錢不是很重要，因為土地不用錢就能提供食物、住所、溫暖，和水。自從工業時代，我們進入城市後，錢就代表了生活。現在，甚至水也要花錢。」

富爸爸繼續解釋，當你開始轉移時，比方說從E到B象限，你身體的某些部分仍習慣於「E」，或者害怕結束那種生活，於是會踢打、反抗。這就像一個溺水的人，要努力呼吸到空氣，或饑餓的人會吃任何可以活命的東西一樣。

「你內心的戰鬥使整個轉變的過程變得困難。這是一場『你不再是那個人』與『你將成為那個人』之間的戰鬥，」富爸爸透過電話對我說，「也是內心仍在尋找安全性的部分，在和內心想獲得自由的部分的鬥爭。只有你能決定哪一邊贏。不是去建立自己的企業，就是回去找一份永久的工作。」

找回你的熱情，保持前進

「你真的想前進嗎？」富爸爸問。

「是的！」我答道。

「你忘了你想做的事情嗎？你忘了你的熱情嗎？你忘記是什麼最先讓你陷入這種尷尬的困境了嗎？」富爸爸問。

「噢！」我有些吃驚的回答。我的確忘記了，於是我拿著電話，努力使頭腦保持清醒，我開始想起是什麼使我陷入這一團糟的。

「我知道，」富爸爸說，他的聲音不斷從電話裡傳過來，「你對個人生存的擔憂，勝過堅持你的夢想。你的恐懼壓倒了熱情。保持前進的最好方法，就是讓心中的烈火永不熄滅。牢記你一開始一心要做的事，這樣旅途才會變得輕鬆。太過於擔心自己，恐懼就會開始吞食靈魂。充滿熱情的建立企業，不要畏懼。你已經走了這麼遠，現在離目標已經很近，所以別回頭去。記住你剛開始要做的事情，把這個記憶藏在心中，讓熱情的烈火繼續燃燒。你任何時候都可以停下來，所以為什麼一定要現在停呢？」

說完，富爸爸祝我好運並掛上了電話。

他是對的。我忘記我為什麼開始這趟旅程，也忘記了夢想，並讓恐懼占據頭腦和心靈。

的確，我遺失了我的熱情。現在是時候去實現，要不就回家一切作罷。我靜靜站了一會兒，又聽到富爸爸最後的一句話：「你任何時候都可以停下來，所以為什麼要現在停呢？」

我決定暫時不去想停止這件事，直到實現目標。

熱情是愛與恨的結合

富爸爸和我通了電話後，我站在電話亭好長一段時間。雖然恐懼和缺少信心的心仍在不斷衝擊著我，然而我曾經有過的夢想、創建一個與眾不同的學校系統，為那些想成為企業家和投資者成立的教育系統仍然健在。我站在那兒，心回到了高中時代。

在我十五歲時，高中指導老師曾經問我：「長大後，你想做什麼？你想和爸爸一樣成為老師嗎？」

我盯著老師，直接、有力，且充滿決心的回答：「我永遠也不會當老師，老師是我最不想做的事情。」

我早已不喜歡學校，我簡直是憎恨它。我極不願意被迫坐在教室，聽我非常不喜歡或不敬佩的某個人，在幾個月裡講述一門我一點也不感興趣的課。我煩躁不安，在教室後面製造麻煩，甚至翹課。

所以，當老師問我是否想當老師時，我幾乎跳了起來。

在那時，我幾乎不懂熱情是愛與恨的結合。我喜歡學習，但是我討厭學校。我非常討厭坐在那兒，被安排成我不想成為的某個東西，而我顯然不是唯一有這種想法的人。

邱吉爾曾說：「我個人時時刻刻準備學習，但是我並非隨時都樂意接受教導。」

約翰．厄普代克說：「那些建國先賢以他們的智慧，認為孩子們對父母造成異常壓力，因此提供了名為學校的監牢，並施以名為教育的折磨。」

諾曼．道格拉斯說：「教育是由國家主導，複製應聲蟲的方式。」

H．L．孟肯說：「我認為學生時代是人一生中最不快樂的時光。那些日子充滿了無趣又晦澀難解的功課，全新又令人不快的教條，並且有違常識與基本禮儀。」

伽利略說：「你不能教會一個人任何東西，你只能幫助他找到做事的方法。」

馬克．吐溫說：「我從來不讓學校干涉我對自己的教育。」

愛因斯坦說：「現在有太多的教育，尤其是在美國的學校裡。」

來自有學問爸爸的禮物

與我分享這些名言的人，還有我那有學問但貧窮的爸爸，作為教育官員的他，同樣對學校現行系統的不完善深惡痛絕，但他在裡面發展順遂。他想用熱情盡力改變這個系統，結果只是碰壁撞牆。這是一個有太多人在其中賺錢的系統，沒有人想讓它改變，雖然有很多言論說需要改變。

或許，我的指導老師有通靈術，因為多年後，我的確當了老師。只是我不想跟著他走進同樣的系統，我用相同的熱情，創造自己的系統。

當我那有學問的爸爸得知金和我為錢掙扎，盡力創建自己的教育系統時，他送給我們一些名人名言，在寫著這些名言的紙上寫著：「繼續努力。愛你的爸爸。」

有了這種鼓勵之後，一切開始變得有意義。驅動我的熱情與多年前驅動爸爸的熱情相同，我的確在骨子裡承繼著爸爸的某些東西，不自覺從他手中接過了火炬。

事實上，我變成兩個爸爸的樣子。從富爸爸那裡，我學到當資本家的祕密；從有學問的爸爸那兒，我繼承了教書的熱情。

由於兩個爸爸的結合，我現在才能為這個教育系統做些事情。我沒有想過，也沒有能力去改變現有的系統，但是我會用知識去創造自己的系統。

富有的意義

多年來，富爸爸培養我成為一個創造企業和企業系統的人。一九七七年，我設立的第一個企業是製造公司。我們是首批用色彩鮮豔的尼龍和魔鬼氈製作衝浪者錢包的公司之一。

隨後我們生產了一種迷你錢包，也是用尼龍和魔鬼氈製作，可繫在運動鞋的鞋帶上。一九七八年，慢跑是新時尚，慢跑者總想找地方放鑰匙、裝錢或身分證，因此，我設計了這種錢包，並推向世界。

瞬間的成功是驚人的，但是我對產品系列和企業的熱情很快就消退了。當我的小公司開始受到國外競爭者衝擊時，它開始衰退。臺灣、韓國、香港這些國家和地區正在裝運與我的產品相同的東西，捲走我們開拓的市場。他們的價格如此之低廉，以至於我們完全無法與之競爭。他們的零售價，甚至比我們的生產成本還低。

我們的小公司面臨進退兩難的困境：是要打擊他們，或是加入他們呢?合夥人認為我們不能贏得這場競爭，那些用廉價產品充斥市場的公司太強大了。投票表決後，我們決定加入他們。

為了保證生存，我們不得不解雇大部分忠誠而勤勉的員工，這使我心碎。當我去考察我們簽約的韓國和臺灣新工廠時，我的靈魂再次受到傷害。年輕工人被迫擠在狹小的空間裡工作，我看到五個工人一個挨著一個，身子擠在一塊；在美國，我們只會讓一位工人在相同大的空間內工作。我的意識開始困擾著我，不僅為了我們在美國解雇的那些工人，也為了國外那些正在為我們工作的工人。

雖然我們解決了與國外競爭的財務問題，並開始賺到很多錢，但我的心不再放在企業上，於是企業開始下沉。如果變成富有意味著要剝削這麼多低薪的工人，我也不想變有錢了。我開始考慮教育人們成為企業主，而不是企業的員工。三十二歲那年，我開始成為一名老師，儘管當時我並沒有意識到這一點。那時，太太和我開始了新企業的冒險，開創錢包公司的時代對於我們來說，已經一去不復返。

縮小規模正在來臨

一九八三年，我受邀到夏威夷大學對ＭＢＡ學生演講。我向他們講述自己對工作安全性的看法，但他們顯然無法接受我說的下列一席話：「幾年後，你們將失去你們的工作，或者被迫為越來越少的錢工作，這種依靠工作帶來的保障，從今而後將越來越少。」

因為工作我開始到世界各地旅行，並目睹廉價勞動力和技術創新結合所帶來的巨大威力。我開始認識到，亞洲、歐洲、俄羅斯或南美的工人正在與美國的工人競爭。我知道，工人和中階管理者所持有的追求高薪和安全穩定工作的想法已經過時了。大公司很快就要被迫進行精簡，包括員工人數的精簡和薪資水準的降低，以便能參與全球競爭。

我再也沒被邀請去夏威夷大學，幾年後，縮小規模這個詞成為標準的行業用語。

每當一家大公司被兼併時，工人便顯得過多，縮小規模就發生了。每當企業主想讓他們的股東高興時，也會縮小規模。每次縮小規模，我都看到高層人物變得越來越富有，而低層員工則在為此付出巨大代價。

每當我聽到人們說「我要把孩子送到一所好學校，以便將來他能找到一份安全穩定的好工作」時，我都會從心底感到不安。為工作做準備在短期內可能是好想法，但是長期來說，這是遠遠不夠的。正因為這種不安，促使著我去向更多人解釋我的觀點，漸漸地，我成為一名老師。

用熱情構建一個系統

雖然我的製造公司起死回生，並且營運良好，但熱情已經一去不復返。富爸爸這樣總結我的失敗：「學校的日子結束了。到了圍繞你的心、圍繞熱情建立系統的時候了。讓製造公司見鬼去吧！建立你所知道、必須建立的東西。你已經從我這裡學到很多，但是你仍然是你父親的兒子，你和你爸爸在靈魂深處都是老師。」

金和我收拾起所有東西，移居到加州學習新的教學方法，以便我們能夠用這些方法創建一個企業。

在企業開始營運前，我們已經燒光所有的錢，開始流落街頭。打給富爸爸的那通電話，以及金對我的支援、我對自己的憤怒與不滿再次點燃了這種熱情，並使我們從陷入的麻煩中逐步擺脫出來。

很快，我們又開始建立事業。這是一間教育公司，使用的教學方法與傳統學校的教學方法完全不同。

我們沒有讓學生安靜坐在那兒，而是鼓勵他們活潑、主動。我們不是透過課本教書，而是透過遊戲進行教學。我們不使課堂變得令人厭倦，而是堅持讓每位老師幽默風趣。我們尋找的不是一般的老師，而是真正開辦自己公司的企業界成功人士，用自己的教學風格講授。不是老師給學生評分，而是學生為老師評分。如果老師得了低分，那麼，這位老師若不推出另一套詳細的教學計畫，就要申請辭職。

年齡、教育背景、性別和宗教信仰都不是評斷的標準，我們所要求的是真心渴望和快速學習。最後，我們能在一天內教授完一年的會計學課程。

雖然我們主要教導的對象是成年人，但我們有很多年輕學生，他們坐在那些薪水豐厚、受過良好教育的企業經理人身邊學習。

我們不讓學生透過考試進行競爭，而是讓他們建立小組合作，然後，讓這些小組透過考試競爭。我們沒有讓學生為分數而學習，我們把焦點放在錢上，獲勝者可以拿回全部學費。以小組為單位的競爭，和渴望做好的願望是強烈的，甚至不需要老師去激勵學生。當競爭開始時，老師可以離開。在考試時間內，學生不必安靜，他們可以呼喊、尖叫、大笑，甚至哭泣。人們對於這種全新的學習感到興奮，他們被「啟動」了，因為他們想學得更多。

我們的教學集中在這兩個學科上：企業家精神和投資學，即象限的「B」和「I」。想用我們的教學方式學習這些科目的人絡繹不絕。我們沒有做廣告，每件事都是口耳相傳。參加學習的人是想創造工作的人，而不是尋找工作的人。

自從那天晚上，我在電話亭裡決定不停下來後，事情便開始有了起色。不到五年，我們擁有一個價值數百萬美元的企業，在世界各地共有十一間分公司。我們建立了全新的教育系統，且深受市場歡迎。我們的熱情使它成功，因為熱情和好的系統征服了恐懼和過去的系統。

任何人能成為自己想成為的人

每當我聽到老師們說自己的薪水太低時，我都對他們表示同情。諷刺的是，他們是自身系統規劃下的一種產品。

他們被來自E象限的眼光視為老師，而不是B或I象限，記住，你能成為想成為的任何象限中的人，老師也是一樣。

我們大部分人都有在所有象限中獲得成功的潛力，這取決於我們對於想成功有多大的決心。正如我的富爸爸所說：「是熱情讓你建立事業，不是畏懼。」

改變象限的困難通常出現在過去的環境中。許多人出自這樣的家庭，在這種家庭裡，恐懼感是使我們以某一特定方式思考和行動的主要推動力。例如：「你寫作業了嗎？如果你不寫作業，你會被學校開除，你的朋友也會嘲笑你。」、「如果你堅持做鬼臉，你的臉將固定成那個樣子。」還有一些經典的句子：「如果你沒有得高分，你將找不到安全、穩定、福利好的工作。」好吧，今天有很多人得高分，但是工作的安全穩定性更低，福利也更少。很多人，尤其是那些有好成績的人，都應該「考慮自己的事業」，而不只是找份考慮他人事業的工作。

風險都在象限左側

我認識很多朋友，他們仍舊在工作或職位中尋找保障。但技術卻以更快的速度向前推進，想要在工作市場保持生存，每個人都需要不斷學習最新技術。如果無論如何都要再學習，那麼為什麼不花些時間學習象限右側所需的技能呢？如果人們能看到我在旅行世界時所見的，他們將不會再尋找保障。現在，保障只是一種傳說。學習新事物，並勇敢面對這個世界，別再幻想躲藏起來。

對於自由工作者來說，我認為也是有風險的。如果他們生病、受傷或受到任何事的影響，無法保證工作時間，收入將受到直接影響。隨著年齡增長，我遇到越來越多同齡的自由工作者，他們因辛苦工作而使體力、精神和情感幾乎被耗盡。忍受的疲勞越多，他們越覺得不安，發生意外的風險也隨之上升。

現金流右側的人生其實更有保障。例如，如果你擁有一個安全的系統，就可用越來越少的工作產生越來越多錢。那麼，你其實不需要一份工作，或者不需要擔心失去工作，或不用量入為出。你不但不需量入為出，還能增加財富。要賺更多錢，你只需擴展系統和雇用更多的人。當我在教導拓展財富，而非量入為出時，我也用了相同的原則。量入為出真的會挫人心志，而我一直找方法來拓展財富，所以可以享受生活給予的美好。

高等級的投資者不關心市場是好是壞，因為他們在這兩種情況下都能運用知識賺到錢。如果在未來三十年裡出現市場崩潰或蕭條，許多在生育高峰時期出生的人都會驚慌失措，因為他們將損失留作退休金的大部分金錢。如果這發生在他們已上年紀但還沒有退休時，他們將不得不工作到不能工作為止。

至於賠錢的問題，職業投資者很少用自己的錢冒險，可是仍然能獲得最高的回報。相反，正是那些不懂投資的人在冒險，並獲得最少的回報。依我看，所有的風險都在象限左側。

數字才會告訴你事實

「如果你不會讀數字，那麼你不得不聽從別人的建議，」富爸爸說，「在購買房子時，你爸爸就盲目接受了銀行家的意見，還認為房子是一項資產。」

我們都注意到他在強調「盲目」這個形容詞。

「事實上，象限左側的大部分人對財務數字都不特別擅長，但如果你想在象限右側獲得成功，數字就要成為你的眼睛，讓你看到大部分人看不到的東西。」富爸爸繼續說。

「就像超人的X光一樣。」邁克說。

富爸爸笑了，點了點頭。「非常正確，」他說，「讀懂數字、弄清財務系統和企業系統，能使你看到一般人看不到的。擁有財務視覺可降低你的風險，相反地，財務弱視會增加風險。如果你想在象限右側發展，就需要這種能力。事實上，習慣用文字思考的象限左側，如果想在右側，尤其是I象限獲得成功，必須學會用數字而不是以文字來思考。試圖成為投資者卻依然保持舊的思考模式是非常危險的。」

「你是在說象限左側的人，不需要弄懂財務數字嗎？」我問。

「對大部分人來說是這樣的，」富爸爸說，「只要他們對在E或S象限中工作感到滿意，那他們在學校學到的那些數字就夠了。但是如果他們想到象限右側，那麼了解財務數字和系統至關重要。如果你想建立小企業，你不需要掌握數字；但如果你想建立一個全世界範圍的大企業，那麼數字將表示一切，而不是文字。這就是為什麼許多大公司通常由財務總監控制營運的原因。」

富爸爸繼續說：「如果你想在象限右側獲得成功，當涉及到錢時，就必須知道事實和建議之間的區別。你不能盲目聽從象限左側的人的意見。你必須了解數字、清楚事實，而數字告訴你事實。」

誰付錢去冒險？

「象限左側不僅有風險，處在這邊的人還花錢去冒險。」富爸爸說。

「你這話是什麼意思？」我問，「不是每個人都花錢去冒險嗎？」

「不是，」富爸爸說，「象限右側的人不是這樣。」

「你是說象限左側的人花錢冒險，而象限右側的人為賺錢去冒險嗎？」

「正是如此，」富爸爸微笑著說，「這是左右兩邊最大的不同，也是左邊比右邊風險更大的原因。」

「你能舉個例子嗎？」我問。

富爸爸說：「當然可以，如果你購買一間公司的股票，誰承擔財務風險？你，還是公司？」

「我想是我。」我迷惑地說道。

「如果我是一家保險公司，我為了你的健康保險，並承擔你的健康風險，還付錢給你嗎？」

「不是，」我說，「如果他們給我的健康保險，並承擔這種風險，我得為此付錢給他們。」

「你說對了，」富爸爸說，「我還沒有發現有任何一間保險公司為你的健康或意外風險保險，還付錢給你，但是象限左側的人，卻在做著類似的事情。」

「有點複雜，」邁克說，「我還是不太明白。」

富爸爸笑了，「一旦你對象限右側的理解再深入一些，便能更清楚看到這種區別了。」

大多數人不知道有差別，他們只認為每件事都有風險，所以應該為此付出。但是隨著時間流逝，當你得到越來越多關於象限右側的經驗和知識時，視野將會開闊，你會看到左側的人看不到的東西，明白為什麼用尋找職業保障來迴避風險是最危險的事情。你將發展自己的財務視覺，而不是盲目接受別人的建議，而且僅僅因為建議者有個工作頭銜，如銀行家、股票經紀人、會計師或者其他。你將有能力親自觀察，並知道財務事實和建議之間的區別。」

這是很有意義的一天。事實上，這是我上過的課程中，最令人難忘的一課，因為它拓展了我的視野，使我看到過去從未想過的東西。

你能走得很快，但別走捷徑

如果沒有富爸爸這些簡單而深刻的訓勉，我懷疑自己能否有熱情去構建起腦海中夢想的教育系統。如果沒有他為我構築財務知識和準確度，我就無法這樣聰明地進行投資，用如此少的錢獲得高回報。我始終記得他說的，如果想完成更大的計畫、成功得更快，就需要更加準確。如果你想慢慢致富或者終生工作，並讓別人管理你的錢，那就不需要如此準確。想越快致富，對數字的使用就應該越準確。

可喜的是，由於技術進步和新產品的發展，現在，人們可以更容易學到建立系統所需的技能，並更容易提高財商知識。

「為了減少納稅，你需要購買更大的房子，借更多債務，以便使自己獲得稅收減免。」

「你的房子應該是你最大的投資。」

「你最好現在就買，否則房價會上漲。」

「慢慢致富。」

「量入為出。」

如果你花時間學習並學會象限右側所需的有關學科，那麼，這些話對你來說沒有任何意義。它們對象限左側的人來說可能有意義，但是對象限右側的人卻毫無意義。在象限右側，你能做任何你喜歡的事情，並使事情進行得和你喜歡的一樣快，賺到你想賺的錢，但是你必須付出努力。你可以快速進行，但是記住，沒有任何捷徑。

這本書不涉及答案，這本書討論的是從一個不同的觀點觀察財務挑戰和目標。不是說一個觀點一定比另一個觀點更好，只是，擁有不只一個觀點更為明智。

在閱讀下面幾章的過程中，你可以試著從不同的角度觀察財務、企業和生活。

第八章
跟「大富翁」學致富

如果跟一般大眾做同樣的事情，那麼你就會擁有跟他們一樣的下場。

當我被問及是在哪裡學會致富方法時，我總會回答：「小時候玩大富翁時學到的。」一些人以為我在開玩笑，另一些人則等待下一句話，以為這只是個引子。然而，這不是玩笑，我不是在開玩笑。「大富翁」的致富規則很簡單，在生活中也同樣有效。

四間綠房子換一家紅色旅館

你或許還能想起「大富翁」的致富祕密：先買四間綠房子，然後再把它們賣掉，再去買一間紅色的大旅館。這就是全部的規則，也是金和我用來致富的規則。

當不動產市場變得很不好時，我們用手頭上有限的錢購買盡可能多的小住宅。當市場改善時，我們賣掉四間綠房子，然後買一間紅色的大旅館。我們不必工作，因為我們的紅色大旅館、公寓和迷你住宅為我們的生活帶來現金流。

或者，如果你不喜歡不動產，那麼你還可以做漢堡，建立漢堡企業並授予特許經營權。幾年後，不斷增加的現金流會為你提供多於支出的錢。

實際上，這就是通往巨大財富最簡單的途徑。換句話說，在這個高科技的時代，巨大財富的原理一直是簡單和沒太多技術性的方法，甚至可以說這只是一個常識。不幸的是，當涉及到錢的問題時，對絕大多數人來說，常識也就不再成為常識了。

例如，有些事對我而言完全不合理，包括為錢財損失提供的稅收減免，以及終生負債的做法。還有當房子是一項負債，並且每天還要耗費現金時，你也稱它為一項資產；或是認為政府花費的開支多於獲得的稅收；或是把孩子送到學校，希望他將來能找到好工作，而不教他任何財務知識。

重點不是你必須做什麼，而是你必須成為誰

做富人做的事很容易。有非常多富人在學校的表現不是很好，這是因為致富的方法很簡單，你不必上學就可以變富有。致富的方法總不會比火箭科學還複雜。

我向你推薦拿破崙．希爾（Napolean Hill）撰寫的《思考致富》（Think and Grow Rich）一書。我年輕時讀過這本書，它對我的生活方向影響很大。事實上，是富爸爸推薦給我的，很多人都對它愛不釋手。

很容易解釋書名為何是《思考致富》，而不是「努力工作與致富」或是「得到工作與致富」。

實際上，最努力工作的人，最後絕不會富有。如果你想致富，你需要思考，獨立思考而不是盲從他人。我認為，富人最大的一項資產就是他們的思考方式與別人不同。如果你做別人做的事，最後只會擁有別人有的東西。而對大部分人來說，他們擁有的是多年的辛苦工作、高額的賦稅和終生的債務。

當有人問我「要從象限左側轉到右側必須做什麼」時，我的回答通常是：「關鍵不是你要做什麼，而是你要思考怎麼做，以實現你希望的改變。也就是說，為了去做需要被做的事情，你首先需要成為誰。」

你想成為那種買四棟綠房子，然後輕鬆就將它們變成紅色酒店的人嗎？或是你想成為買四棟綠房子，很困難才把它們變成一家紅色酒店的人呢？

幾年前我上過一個如何制定目標的培訓班。那是七〇年代中期，我簡直不能相信我會花一百五十美元和一個美麗的週末去學習如何確定目標，我寧願去海邊衝浪。但我卻付錢給別人，讓他教我如何確定目標。有幾次我幾乎就要退出，但是我從中學到的，卻幫助我獲得這一生想要的東西。

老師在黑板上寫下三個詞：**成為——去做——擁有。**

接者說：「目標是這三個詞中的擁有。這些目標包括擁有優美的身材、擁有完美的人際關係、擁有幾百萬美元、擁有健康、擁有名譽等。大部分人一旦確定他們想擁有的東西，也就是他們的目標後，便開始列出他們要做的事情。因此很多人都有要做的事情清單。他們先確定目標，然後開始做。」

她先舉了減肥的例子：「大部分想擁有完美身材的人都節食、去健身房。在堅持幾個星期後，大部分人又開始吃薯條和披薩，而且不再去健身房，而是坐在家裡看電視。這就是只追求『做』而不重視『成為』的例子。」

「這不單純是節食的問題，這是你必須成為誰的問題。每年都有很多人為了保持身材，到處尋找完美的食譜。遺憾的是，他們都把注意力集中在必須做的事上，而不是他們必須成為什麼樣的人上，這種思想若得不到改變，再好的食譜也起不了作用。」

她又舉了另外一個例子：「許多人寄望透過購買新的高爾夫球用具來改進技能，而不是用職業高爾夫球手的態度、思考方式和信念進行訓練。擁有一套新高爾夫球用具後，煩躁的高爾夫球手怎麼樣都仍是一個煩躁的高爾夫球手。」

接著，她討論起投資：「許多人認為買股票或共同基金能使他們致富。然而，事實是，僅僅購買股票、共同基金、不動產和債券並不能使人變富有。單純做職業投資者所做的事並不能保證財務上的成功，一個擁有失敗者心理狀態的人將會一直失敗，無論他們購買什麼股票、債券、不動產或共同基金。」

接著，她又舉了一個尋找完美理想伴侶的例子：「很多人四處尋找完美的人，他們夢想著完美的人。他們做的事情是去找完美的人，而不是努力成為完美的人。」

另一個案例是關於人際關係：「在婚姻中，很多人試圖改變對方，使婚姻變得更幸福。而當他們試圖改變對方時，這種做法往往會引起爭鬥，最好的方法應是改變自己。」她說，「不要在對方身上下功夫，要在你對對方的看法上下功夫。」

當她談論人際關係時，我想起了這些年來認識的很多人，他們試圖改變世界，但總是一無所獲。他們想改變別人，唯獨不想改變的是自己。

她又舉了一個關於錢的例子。她說：「對於金錢問題，很多人試圖做富人做的事情，擁有富人擁有的東西。因此，他們購買看起來富麗堂皇的房屋、昂貴的汽車，把孩子送到富人的孩子才去的學校。這種做法只是導致人們更努力工作，擁有更多債務，而這又使他們更努力工作，這不是富人做的事情。」

我坐在教室後面點頭同意，富爸爸不這樣解釋事情，但他的確經常對我說：「人們認為努力為錢工作會變富有，可以買到使他們看起來富貴的東西。但是大多數情況並非如此，這只會使他們更精疲力竭。他們把這稱『跟上瓊斯家』（Keeping up with the Joneses），但是如果你仔細觀察，就會發現瓊斯家已經精疲力竭了。」

在這個週末班，許多富爸爸曾經告訴我的事情都開始變得更清晰。多年來，他為人謙遜，他不是努力工作付清帳單，而是努力獲取資產。如果你在街上看到他，會覺得他看起來與別人一樣。他開著一輛二手卡車，而不是昂貴的轎車。在他三十多快四十歲的時候，有一天，他搖身一變，成為一位金融巨人。人們注意到，他突然買下夏威夷的一項主要不動產，當他名字出現在報紙上時，人們才知道這個安靜且不鋪張、不招搖的人擁有許多企業和一流的不動產。並且，每當他說話時，銀行家們都在傾聽。很少人見過他居住的簡樸房屋，在他從資產賺到很多錢後，他為家人買了一棟大房子。他不用貸款，而是支付現金。

在那個週末班結束後，我意識到，許多人在做富人應該做的事情，盡力擁有富人擁有的東西。他們通常會購買大房子，投資於股市，因為這是他們認為富人才做的事情。然而，富爸爸想告訴我的是，如果他們仍舊持有窮人或中產階級的信念和思想，勉強做著富人做的事情，那麼他們最後將擁有窮人和中產階級擁有的東西——財務困境，並且肯定會變得更加困窘。「成為——去做——擁有」開始變得合理。

現金流象限是關於「成為」，而不是「做」

從象限左側轉到右側不是「做」的問題，而是「成為」的問題。

這不是「B」或「I」做事情的差別，而是他們如何思考的差別。

可喜的是，改變你的思想不需要花錢，事實上，你可以免費做到。可悲的是，有時很難改變某些內心深處的核心思想，這些有關金錢的思想是透過代代相傳獲得的，或是從你的朋友、工作和學校學來的。然而，只要你從思想深處意識到觀念的陳舊，並真誠想改變生活，就一定能做到，這就是本書主要講述的內容。這不是一本關於「做什麼」以實現財務自由的指南書，這裡不討論買什麼股票，或者買什麼共同基金最安全，是討論如何改變核心觀念或財經思想（成為），以便採取行動（去做），最後使你實現財務自由（擁有）。

總而言之，E象限的人談到金錢問題時，通常會給安全性高度評價。對他們而言，錢不如安全性重要。他們能在生活中的其他方面冒險，但是在金錢方面，他們卻害怕極其微小的一點點風險。

這是一個概論，但我觀察到那些處於S象限、正盡力從象限左側移到象限右側的人，幾乎都有一種親力親為的心態。他們喜歡自己來，因為他們通常非常需要確信事情能否被做好，而且當他們看到別人沒做好時，他們會非常難受，因此要親自做。

對於很多「S」來說，真正重要的是控制，他們需要控制一切。他們憎恨犯錯，尤其憎恨別人犯錯、讓他們看起來很糟糕，這使他們成為優秀的「S」。並且，你可以因此雇用他們，為你完成特定的任務。

畢竟，你希望牙醫是完美主義者，希望律師是完美主義者，希望建築師是完美主義者，這是你付給他們錢的原因。這是他們的優點，但從另一個角度看，也是他們的弱點。

克服恐懼感的情商

作為一個人，很重要的特點是具有人性，而人性就意味著有情感。我們都有相同的情感，都能感受到恐懼、悲傷、氣憤、愛、恨、失望、歡樂、幸福等，我們各不相同的原因是每個人對待這些情感都有不同的方式和對策。

對於投資風險，我們都體驗到恐懼，即使是富人，差別在於我們對待恐懼的方式。對很多人來說，恐懼感會使人產生一種想法：「安全做事，別冒風險。」

對於另一些人，尤其是象限右側的人，賠錢的恐懼使他們這樣想：「聰明做事，學會駕馭風險。」

相同的情感，因不同的思想、類型、做法……導致不同的結果。

對賠錢的恐懼

我認為，人為錢而努力掙扎的主要原因是對財務損失的恐懼。由於這種恐懼，他們通常過於謹慎，或者有較多的個人控制，乾脆把錢交給他們認為的專家，希望並祈禱錢在他們需要時會隨時出現。

如果恐懼使你成為現金流象限中的囚徒，我建議你讀一讀丹尼爾．高曼（Daniel Goleman）的《EQ：決定幸福一生與成就的永恆力量》（Emotional Intelligence）。在書中，高曼解釋了一個古老的問題：為什麼在學校裡成績優秀的人在現實世界中並不能獲得財務和事業上的成功。他的答案是情緒智商比智商更有影響力，因此那些敢於冒險、犯錯，然後改正錯誤的人，會比那些因害怕風險而不犯錯的人做得更好。太多人以優秀的分數畢業，而情感上卻沒有準備好去冒險，尤其是財務風險。這麼多老師不富有，原因就是他們在懲罰犯錯的人的環境中工作，而且他們通常是情感上害怕犯錯的人。相反地，想獲得財務自由，我們就要學習如何犯錯和駕馭風險。

如果人們終其一生擔心賠錢，害怕做與眾不同的事情，那麼對他來說，致富幾乎是不可能的，即使過程就像買四棟綠房子，然後再換成一間紅色旅館那樣簡單。

情感比理智強二十四倍

讀完高曼的書，我開始認識到，財務ＩＱ就是九〇%的情緒智商和一〇%的財務技術資訊。高曼引用十六世紀鹿特丹人類學家伊拉斯謨的話，此人曾經寫過一篇關於理智和情感之間緊張關係的諷刺小說。在他的文章中，他用二十四比一的比率，說明情感大腦與理智大腦的力量對比。換句話說，情感處於主要地位，情感比理智強大二十四倍。我不知道這個比率是否正確，但作為情感思考與理智思考的力量對比的一種參考，這的確很有幫助。

二十四：一；情感大腦：理智大腦

我們所有人，如果有人性，都經歷過情感戰勝理智的情況。我肯定大部分人都曾有過以下狀況：

1. 出於憤怒說出一些後來希望沒說過的話。

2. 被某個對我們不好的人吸引，仍然與他們一起出去，或更糟糕的，與他們結婚。

3. 因為失去愛人而哭泣，或者看到別人為此失聲痛哭。

4. 故意做某些事去傷害我們所愛的人，因為我們被傷害了。

5. 心碎之後久久不能恢復。

這些只是情感戰勝理智的幾個例子。有時情感的力量超過二十四比一，這時我們通常稱之為：

1. **上癮**。例如：貪食症、吸菸、性、購物狂、毒品。

2. **恐懼症**。例如：對蛇、高度、緊張、空間、黑暗、陌生人的恐懼。

這些和其他行為通常是百分之百由情感驅動，當某件事像上癮和恐懼症一樣強烈時，理智幾乎沒有什麼力量可以戰勝情感。

恐蛇症

我在飛行學校時，有朋友得了恐蛇症。在一節關於如何在野外生存的課堂上，老師拿來一條去除了毒牙和毒腺的眼鏡蛇，教我們如何吃牠。我的朋友、一個成年人，跳起來叫著跑了出去。他不能控制自己，不僅是因為他對蛇的強烈恐懼，而且還因為吃蛇的想法對他來說根本無法忍受。

恐錢症

面對金錢風險，我看到人們在做同樣的事情。他們不是查明投資情況，而是跳起來，尖叫著跑出去。

關於金錢問題，還存在許多嚴重的情感恐懼症，數量太多無法一一列舉出來。我有這些病症，你們也有，所有人都有。為什麼?因為不論喜歡與否，金錢是一種情感事物，所以大多數人不能理智地對待金錢。如果你認為金錢不是情感事物，就請觀察一下股票市場。在其他大多數市場中，也和股市一樣沒有邏輯可言，只有貪婪和恐懼這兩種情感。

或者觀察一下，當人們鑽進一輛新轎車，聞著裡面皮革的味道，而推銷員所做的，就是在他們耳邊小聲說著一些有魔力的話——「頭期款低，每月輕鬆支付」，這時所有的理智都跑到了窗外。

情感思考聽起來很有道理

帶有濃厚情感的思想所帶來的問題是，它聽起來有道理。對於E象限的人來說，當恐懼感存在時，理智上是安全做事，別冒風險。但是對於I象限的人來說，這種想法完全沒道理。

對於S象限的人來說，對於信任別人能完成工作的問題，他們的理智思想可能是「我自己做就好了。」

這是非常多S型企業，通常是家庭企業的原因，對他們來說，血必定濃於水。

因此，不同的象限、邏輯、思想、行動、擁有，卻有相同的情感。決定我們做什麼的，是我們每個人對這些情感的反應方式。

我不喜歡

想知道你是情感思考型還是理智思考型的方法，注意你在交談中使用「感覺」這個字的時刻。例如，許多由情感或感覺支配的人會這樣談論事情：「我今天覺得不想鍛練。」很明顯，從邏輯上他們知道他們應該鍛練。

許多在財務方面掙扎的人不能控制自己的感覺，甚至讓感覺支配思想。我聽到他們說：

「我不喜歡學投資，太麻煩了。」

「我覺得投資不適合我。」

「我不想把我的事情告訴我朋友。」

「我討厭被拒絕的感覺。」

父母或小孩

以下這些也是來自情感而不是理智的思想，用流行心理學講，這是父母與孩子之間的戰鬥。父母通常用「應該」說話。例如，家長會說：「你應該做你的作業。」而孩子則用「感覺」說話，例如：「但是我不喜歡。」

對於財務問題，腦海裡的父母會安靜說：「你應該多賺些錢。」但是腦海裡孩子會回答：「但是我覺得我喜歡度假。我要用信用卡去度假。」

成年之後？

在從左移向右象限的過程中，我們需要成為成年人。我們都需要在財務方面成熟起來，需要用成年人而非父母或孩子的眼光，來看待金錢、工作和投資。作為一個成年人，就意味著你知道自己必須做什麼，並且去做，即使你可能並不喜歡。

與自我對話

對於試圖從一個象限跨向另一個象限的人來說，這過程的重要部分，就是知道內心的對白。並且記住，在一個象限中有道理的事，在另一個象限中或許根本沒有意義。

從工作保障或財務安全性到財務自由的過程，主要是改變思想的過程，也是盡最大努力知道哪些思想是基於情感、哪些是基於理智的過程。如果你能阻止情感的影響，並努力朝理智方向發展，那麼你就有可能完成這次旅行。無論別人對你說什麼，最重要的是自己與自己的交談。

在金和我暫時無家可歸且財務不穩定時，我們的情感失去了控制。很多次，聽起來理智的事情，實際上是純情感的交談。我們的情感說著朋友們說過的話：「安全做事。只需找一份平穩安全的工作，就可享受生活。」

然而在理智上，我們都承認自由對我們比安全更有意義。在追求財務自由的過程中，我們知道自己能找到工作安全性所不能給予的安全感，這對我們來說有很大的意義。在路途中，唯一的問題是我們受情感驅動，當下的想法或許聽起來很有道理，但在長遠來看沒有任何意義。可喜的是，一旦我們征服它，舊思想便停止尖叫，渴望的新思想則成為現實——B和I象限的思想。

今天，我能理解一個人說這些話時的情感：「我不能冒險，我要先考慮家，必須找一份安全的工作。」或者「賺錢首先要花錢，因此我不能投資。」或者「我要自己做。」

我能了解他們的想法，因為我自己也曾有過。但是因為觀察象限的另一邊，並獲得來自B和I象限的財務自由，我能充滿信心的說，擁有財務自由是一種更平和與安全的生活方式。

E與B象限的不同

情感價值觀的不同，導致不同的觀點。企業主與員工之間的鬥爭，通常是由情感價值觀的不同所引起。「E」和「B」之間總是存在著鬥爭，因為前者想要更多薪水，後者則想要更多工作。因此我們經常聽到「我超時工作，卻只得到低薪。」也經常聽到「我們要怎麼做才能激勵員工更加努力工作，讓他們的忠誠度提高，卻不用幫他們加薪呢？」

B與I象限的不同

另一種常見的緊張關係，存在於同一企業中的企業經營者和投資者，即「B」和「I」之間。這時企業投資者通常被稱為股東。一方想要更多的錢用於經營，另一方想要更多股利。

股東會議上的談話可能會是這樣：公司經理說：「我們需要一架私人飛機，以便經理們能夠更迅速出席全球各地的業務會議。」投資者說：「我們需要更少經理。這樣，我們就不需要私人飛機了。」

S與B象限的不同

在商業交易中，我經常看到聰明的「S」，例如律師，為「B」企業主做了一筆價值幾百萬美元的交易。當交易結束時，律師的心情變得煩躁不安，因為「B」賺到了幾百萬，而「S」只得到一小時的薪水。

他們的對話可能是：律師說：「我們做了所有的工作，而他賺到所有的錢。」企業主則認為：「這些傢伙拿了多少薪水？我們幾乎能用那些薪水買下整間律師事務所了。」

E與I象限的不同

另一個例子是某銀行經理提供貸款給投資者，以購買一項不動產。投資者賺到幾十萬美元，並且不用繳稅，而銀行經理只得到一張薪資單，並且要納很高的稅。這樣的「E」和「I」之間的交易通常會引起溫和的情感反應。

「E」會說：「我給那傢伙貸款，他連句謝謝都沒說。他根本不知道我工作得有多辛苦。」「I」可能會說：「天啊，這些傢伙也太挑剔了。看看這些不得不做的沒用文件，只為了得到那麼可憐的一點貸款。」

受情緒困擾的婚姻

我見過最嚴重、受情緒困擾的婚姻，是這樣一對夫婦：妻子完全是「E」，相信工作和財務的安全性；相反地，丈夫戲稱自己是得意的「I」。他認為他是未來的華倫·巴菲特，但實際上他是「S」，一個只擁有佣金的職業推銷員，但內心希望自己是長期投機者。他總是在尋找能使他迅速致富的投資。他關心各種新股票的報價，或是那些承諾能帶來非常高回報的海外投資計畫，或是一項能獲得期權的不動產交易。這對夫婦仍然在一起，我也不知道為什麼。兩個人都讓對方抓狂，一個人熱中冒險，一個憎惡風險；不同的象限，不同的核心價值觀。

如果你已婚，或者處在情侶關係中，圈出你大部分收入來自於哪個象限，然後畫出你的配偶或戀人收入的主要來源象限。

讓你這樣做是因為，如果一方不知道另一方出自哪個象限，雙方之間的交談通常會變得很困難。

有錢人與有學問人的衝突

我注意到還有一個無須言明的戰場，就是有學問的人和有錢人之間的衝突。

在我研究不同象限差別的那幾年，我經常聽到銀行家、律師、會計師和其他人抱怨，說他們是有學問的人，但通常是所謂沒學問的人賺大錢。這就是我所說有學問的人和有錢人之間的衝突，更是象限左側和右側的人之間的衝突，或是說「E－S」與「B－I」之間的衝突。B和I象限的人並非沒學問，事實上這兩個象限的許多人非常有學問；只是也有很多「B」和「I」在學校裡不是成績優異的學生，並且可能沒有成為律師、會計師和MBA。

《富爸爸，窮爸爸》一書講的就是有學問的人和有錢人之間的衝突。我那個有學問但貧窮的爸爸對於他在明星大學如史丹福大學和芝加哥大學做過多年學術研究，並獲得博士的頭銜感到非常驕傲；而我的富爸爸則在他的父親去世時，不得已必須輟學經營父親留下的企業，所以他沒能讀完高中，但他擁有巨大的財富。

當我漸漸長大，並且看起來更受富有但是沒學問的爸爸影響時，我那有學問的爸爸有一天突然捍衛起他在生活中的地位。在我十六歲時，有一天，爸爸不假思索地說：「我有明星大學的學位，你朋友的父親有什麼？」

我停頓一下後，小聲回答：「錢和自由的時間。」

賺或賠只是遊戲的一部分

如前所述，要在B或I象限中成功，不只需要學術或技術知識，它通常還需要基本的情感思維、感情、信念和態度的改變。要記住：**成為—去做—擁有。**富人所做的事情相當簡單，只有「成為」是不同的。這種不同，存在於他們的思想。更具體地說，存在於內心與自己的對話中。因此富爸爸不許我說：

「我付不起錢。」

「我做不到。」

「打安全牌。」

「別賠錢。」

「如果你失敗了並且再也翻不了身，該怎麼辦？」

他不許我說這些話是因為他堅信語言是人類最有影響力的工具，一個人所說和所想的，終將變為現實。

富爸爸堅信我們對自己說的話最後會變成現實。因此我懷疑，對於那些為錢掙扎的人來說，通常是他們的情感、而非理智在講話，並控制著他們的生活。這些話語包括：

「我永遠也不會富有。」

「那主意不會有什麼用處。」

「這對我來說太昂貴了。」

如果這些是情感驅動的思想，這些思想是有影響力的。可喜的是，思想可以透過交新朋友、尋求新思想的支援和一段時間來改變。

恐懼賠錢的人最好不要自己投資，他們最好把這項工作交給專業人員，並且不要干涉人家的工作。

我看過許多專業人員，他們在用別人的錢投資時無所畏懼，並能賺到很多錢。但是當他們用自己的錢投資或冒險時，對賠錢的恐懼就會變得非常強烈，最後賠了錢。原因是當用自己錢投資時，他們是用情感，而不是用理智在思考。

我也遇過一些人，他們用自己的錢投資，並且經常獲勝，但是當別人委託他們代為投資時，卻失去往日的鎮定。

賺錢和賠錢是情感問題，因此，富爸爸告訴我對待這些情感的方法。富爸爸總是說：「要想做個成功的投資者或企業主，你必須在情感上冷靜看待輸贏，賺錢和賠錢只是遊戲的一部分。」

辭去安全的工作

我的好朋友邁克有個屬於他的系統，這是他父親、也就是富爸爸創建的。我沒有那樣的好運，我知道，某一天我將不得不離開家庭的舒適與安全，開始構建屬於自己的系統。

一九七八年，我辭去在全錄公司那份安全的全職工作，邁出沒有任何安全性可言的一步，腦中的恐懼和懷疑是強烈的。當我在辭職信上簽名，收起最後一份薪水，並走出辦公室時，我幾乎因恐懼而癱倒在地。我在內心進行了一場足以令人毀滅的思想和感情鬥爭，我努力大聲斥責自己的軟弱，以致我聽不到任何其他聲音。這是個好辦法，因為有太多曾和我一起工作過的人都在說：「他會回來，他永遠不會成功。」

問題是，我也在對自己說著同樣的話。這些自我懷疑的情感話語在心中徘徊多年，直到金和我在B和I象限中獲得成功。今天，我仍然聽得到這些話，只是它們對我的影響已經小多了。在忍受自我懷疑的過程中，我學會了使用不同的語言，一些自我鼓勵的話，例如：保持冷靜、頭腦清醒、思想開放、繼續前進、向前輩請教、保持信心、相信有更高等的力量會給你最好的安排等。

我學會使用這些自我鼓勵的話，即使在內心存在著恐懼和擔心的時刻。

我知道，我的第一次行動幾乎不可能成功。然而，積極的情感如信任、信心、勇氣和友情推動著我前進。我知道必須冒險，也知道風險有可能導致錯誤，然而錯誤中會產生智慧和知識，這兩者正是我所缺乏的。失敗會讓恐懼取勝，因此我寧願沒有任何保障的向前奮鬥。富爸爸向我灌輸了這種思想：「失敗是成功過程不可或缺的一部分。」

內在的旅程

從一個象限到另一個象限的過程實際上是一次內心的旅程。這是從一套基本信仰和技術、技能，轉變到另一套新的基本信仰和技術、技能的旅程。這過程很像學騎自行車，起初你摔倒很多次，這讓人感到受挫和困窘，尤其是當朋友們看著你的時候。但是一段時間後，你不再摔跤，騎車變得順利自如。即使你再次摔倒也不會在意，因為你知道你能站起來，接著再騎。這個過程與從工作安全性的情感思維方式轉變到財務自由的情感思維方式的過程相同。當金和我進行轉變時，我們很少擔心失敗，因為我們相信自己有能力站起來。

對於我個人，有兩句話鼓勵著我不斷前進。一句是在我就要放棄、打算回頭時，富爸爸對我說的：「你任何時候都能停止，那麼為什麼要現在停下來呢？」

這句話讓我精神振奮，心情平靜。它提醒我，我正處在半途中，為什麼要回頭呢？回家的路途和到另一個象限一樣遠。這就好像哥倫布在橫越大西洋時中途放棄，調頭返回一樣。兩條路的任何一條，距離都是相同的。

有時候，放棄是最好的行動，擁有知道何時該轉身離開的智慧是很重要的。我總是遇到這樣的人，他們如此固執，堅持繼續進行根本不可能成功的計畫。何時該停止或何時該繼續是一個古老的問題，任何冒風險的人都會遇到這個問題。解決「繼續還是放棄」這個問題的辦法是找一位已經成功完成轉變的人做導師，徵求他們的建議。一個已經處在象限另一邊的人能引導你，但是，要小心那些僅從書本上獲得決策經驗，並靠講授這些經驗賺錢的人的建議。

另一段讓我不斷前進的話是：「偉人經常犯錯，經常摔倒，但蚯蚓不會。因為牠們做的事情就是挖洞和爬行。」

這麼多人為錢掙扎的主要原因不是他們缺少良好的教育，也不是因為沒有努力工作，而是因為他們害怕失敗。如果對失敗的恐懼正在阻止他們，那他們已經失敗了。

失敗者會拋開勝利的機會，保留失敗的機會

對成為失敗者的恐懼影響著人們以奇怪的方式做事。我看到有些人用二十美元買了一支股票，並在它升到三十美元時賣出，因為他們擔心失去已經賺到的錢。於是，他們眼睜睜看著股票飆到一百美元，除息，然後再次往上升到一百美元。

還是同個人，用二十美元買進一支股票，看它跌至三美元還持在手中，希望價格反彈。這是一個害怕失敗或害怕承認失敗，最後以失敗告終的人的例子。

勝利者會拋開失敗的機會，保留勝利的機會

勝利者做事的方式與此完全相反。通常，當他們知道處於不利地位時，比如股票價格開始下跌而不是上升，他們會立即拋出並接受損失。這類人不會羞於承認蒙受損失，因為一個勝利者知道失敗是獲勝過程的一部分。

當他們發現獲勝機會，就會盡可能利用它。當他們知道機會結束了，價格已經達到高峰時，便會停下來並售出股票。

成為一個偉大投資者的關鍵，是要對得失淡然處之。這樣一來，當你思考問題時，

就不會被情感驅動支配你的行動，如恐懼和貪婪。

失敗者做著相同的事情

在現實生活中，害怕失敗的人做著相同的事情。我們都認識這樣的人：

1. 那些維持不再有愛的婚姻的人。
2. 那些堅持沒有前途的工作的人。
3. 那些保留他們永遠不會使用的舊衣服和舊物品的人。
4. 那些待在對他們來說沒有前途可言的城市的人。
5. 那些與阻礙他們前進的朋友交往的人。

情商是可以被控制的

財務智商與情緒智商緊密相連。我認為，大多數人受財務所苦，是因為他們的情感控制著思想。作為人，我們都有相同的情感。決定我們在生活中做不同的事情和擁有不同東西的主要因素，是我們如何對待這些情感。例如，恐懼感能使一些人成為懦夫，同樣的恐懼感可以使另一些人變得有勇氣。不幸的是，在金錢方面，社會中大多數人被限定為財務方面的懦夫。當對賠錢的恐懼上升時，大多數人的腦海裡會自動迴響起這些話語：

・「安全」，而不是「自由」。
・「避開風險」，而不是「學會管理風險」。
・「打安全牌」，而不是「聰明行事」。
・「我支付不起」，而不是「我怎樣能支付得起」。
・「太貴了」，而不是「長期來看，它值多少錢」。
・「多樣化」，而不是「集中化」。
・「我的朋友們會怎麼想」，而不是「我怎麼想」。

關於風險的智慧

風險是一門科學，尤其是財務風險。我讀過關於金錢和風險控制方面的好書之一，是亞歷山大・埃爾德博士（Dr. Alexander Elder）撰寫的《以交易為生》（Trading for a

Living）。

雖然該書是為進行股票和期權交易的專業人員所寫，但其中關於風險和風險管理的智慧適用於金錢、金錢管理、個人心理學和投資學的所有領域。

很多成功的「B」不是成功的「I」的原因是，他們沒有完全了解純金錢交易背後的心理學。雖然「B」了解有關企業系統和人員的風險，但是，他們的知識不適用於用錢賺錢的系統。

情感多於技術

總之，從左邊象限移到右邊象限的過程，是情感多於技術的過程。如果人們不能控制自己的情感，我不建議嘗試這種旅程。

象限右側的事使左側的人看起來如此有風險的原因是恐懼感影響他們思考。象限左側的人認為安全做事是一種理智的想法，其實不是，這是情感上的想法。事實上，它是使人們保留在一個或另一象限中的想法。

象限右側的人做的事情並沒有那麼困難。我可以誠實說，要做到以低價買進綠房子，等待市場改善時，再賣掉它們，然後買一間紅色旅館，並不是一件難事。

對於象限右側的人來說，生活事實上就是一場大富翁遊戲。當然，其中存在著得到與失去，但這只是遊戲的一部分。得與失也是生活的一部分。要在象限右側獲得成功，就要成為熱愛這種遊戲的人。

唐納．川普破產了，但他沒有因為賠錢而放棄，失敗讓他變得更聰明、果斷。很多有錢人在富有前都曾經歷過破產，這正是遊戲的一部分。

如果一個人用情感思考，那麼這些情感與思想通常會蒙蔽他們的眼睛，使他們看不見其他事情。

正是這些反射般的情感使人們做出反應，而不是進行思考。正是這些情感引起不同象限中人們的爭論。爭論是由那些有相同情感，但沒有相同觀點的人引起的。也正是這種情感反應，使人們看不到事情在象限右側進行得多麼容易，甚至沒有風險。如果一個人不能控制他的情感思想，事實上有很多人都不能，那就不應該嘗試這種轉變。

我鼓勵所有轉變的人確保擁有長期積極支援、陪伴你的人，及位於象限另一邊，引導你的導師。

對我來說，金和我經歷的奮鬥是值得的。對我們而言，從象限左側邁向右側最重要的事不是我們必須做什麼，而是我們在這個過程中要成為什麼樣的人。對我來說，這是無價的。

第九章
當銀行，而不是銀行家

有錢人懂得如何創造金錢。

我已經討論了「成為——去做——擁有」這個公式中的「成為」，因為如果你沒有正確的思考方式和態度，就不能為現在或者即將發生在眼前的巨大經濟變化做好準備。透過成為擁有象限右側的技能和思考方式的人，你將能識別眼前出現的機會和變化，並準備好去做能使你財務成功的事情。

我記得富爸爸一九八六年底打了一通電話給我，他問我：「你現在在做不動產市場還是股票市場？」

「都不是，」我回答，「我把一切都投資在構建企業。」

「很好，」他說，「不要進入任何市場，繼續建立你的企業。有大事要發生。」

那年，美國國會通過一九八六年稅改法案。在動盪的四十三天內，國會革除了很多隱藏人民收入的稅收漏洞。那些用遮蔽收入的「正損失」進行稅收減免的人突然承擔了這些損失，因為政府取消了稅收減免。整個美國的不動產價格開始下跌，財產價格開始下滑，有些價格甚至下跌了七〇%之多。一夜之間，不動產的價格遠遠低於人們的抵押貸款數額。恐慌籠罩著整個金融市場，銀行、儲蓄和貸款也開始動盪，很多甚至失靈，人們不能從銀行取出他們的錢。接著，華爾街在一九八七年十月狂跌，世界陷入了金融危機。

事實上，一九八六年的稅改法案革除的許多稅收漏洞是象限左側的高收入「E」和「S」所使用的。他們許多人投資於不動產或有限合夥公司，以利用這些損失抵消來自E和（或）S象限的收入。然而，當這場金融風暴和經濟衰退試圖影響象限右側，即「B」和「I」的人們時，他們的避稅機制卻依舊發揮作用。

在這個時期，「E」學會一個新詞，就是「縮小規模」。他們很快意識到，當一家公司宣布大規模裁員時，這家公司的股票價格就會上漲。可是，大部分人不知道原因何在。很多「S」也在掙扎著應付這場經濟衰退，因為他們的生意減少，保險費卻在上漲，不停在不動產和股票市場上賠錢。因此，我認為一九八六年稅改法案的直接結果是：處在象限左側的人受到傷害，並承擔了最嚴重的財務損失。

財富的轉移

當象限左側的人正在遭受痛苦時，B和I象限的人卻正在變富有，因為政府正在把錢從左側移向右側。

透過改變稅法，那些試圖用買不動產進行投資，以達到稅收減免目的的稅收詭計被革除。在這個時期之前，很多高薪員工或專業人員如醫生、律師、會計師和小企業主有這麼多的應稅收入，讓顧問告訴他們應去買不動產，賠掉一些錢，然後再用多餘的錢投資於股票市場。當政府透過稅改法案取消這個稅收漏洞時，一場最大規模的財富轉移發生了。我認為，大部分財富從象限的「E」和「S」，被拿到象限的「B」和「I」。

當儲蓄和貸款被發行不良的貸款機構變為壞帳時，幾十億美元的存款將面臨風險。這筆錢必須償還，那麼由誰償還這筆幾十億美元的儲蓄和不動產損失呢？當然是納稅人，那些已經深受傷害的人。這次稅法變更將納稅人與幾十億美元的帳單聯繫在了一起。

有些人可能還記得一個叫做決議信託公司的政府代理機構，簡稱RTC，這是眾所周知的名稱。RTC負責把抵押品從不動產危機中分離出來，然後交給知道如何處理它們的人。對於我和我的許多朋友，這就像是來自財富天堂的福音。

你還記得嗎？錢是要用頭腦來觀察的，而不是用眼睛看的。在這時期，人們情感高漲，視力卻變得模糊，他們只能看到被訓練看到的東西。於是在象限左側的人身上，發生了三件事：

1. **恐慌遍及各處。**當情感高漲時，財務IQ通常會消失。因為人們關心工作、不斷貶值的不動產、股票市場的下跌和商業的普遍降溫，以至於他們看不到眼前的機會，情感思想使他們失明。大多數人不是向前邁進，掃除障礙，而是鑽進洞裡，躲藏起來。

2. **他們缺少象限右側所需的技術技能。**就像醫生需要透過幾年的學習和實際工作培訓，才能獲得技術技能一樣，B和I象限的人也需要擁有高度專業化的技術技能。這些技術技能包括財務學，它可以讓人了解財務辭彙、重新分配債務、安排報價、了解市場、籌集資本，以及掌握其他可以學到的技能。

當RTC說「我們有一家銀行出售，它的不動產價值過去是兩千萬美元，但現在你可以用四百萬美元買到它」時，E和S象限的大部分人不知道如何籌集四百萬美元，去購買這份來自財富天堂的禮物，或者識別好交易與壞交易。

3. **他們缺少現金機器。**大部分人不得不更加努力工作以求生存。作為「B」，我不必付出什麼體力勞動，就可以使企業擴張。到一九九〇年時，我的企業營運良好，並且不斷成長，在這段時間從一家新創辦企業成長為世界規模有十一家分公司的集團。公司擴展得越大，我需要付出的體力就越少，賺到的錢卻越多，因為系統和系統中的人正在努力工作。有了多餘的錢和自由時間，金和我可以花很多時間留心交易……而且的確存在著很多交易。

最好的時代，也是最壞的時代

有句話是這樣說的：「不是生活中發生什麼事情重要，而是看人們賦予所發生的事情何種意義。」

一九八六到一九九六年這段時期，對一些人來說是他們一生中最糟糕的時期；對另一些人來說，卻是最美好的時期。當我在一九八六年接到富爸爸那通電話時，我知道這次經濟變動為我提供了多麼美妙的機會。雖然我那時沒有很多額外現金，但是我透過使用「B」和「I」的技能創造出許多資產。在本章末，我將詳細描述我是如何創造資產與如何獲得財務自由的。

成功且幸福生活的關鍵之一是要有足夠的靈活性，以便正確應對生活中發生的任何變化。遺憾的是，大部分人不具備應對已發生和正在發生的突發經濟的變動能力。有一件事是人類該慶幸的：就是他們通常都很樂觀，並且很健忘。十到十二年以後，他們會忘記，而到那時事情又會發生新的變化。

歷史會重演

今天，人們或多或少已忘記一九八六年的稅改法案。「E」和「S」正在比以前更努力工作。為什麼呢？因為他們的稅收漏洞不存在了，當他們透過更努力工作彌補損失時，收入提高了。於是，他們的稅務會計師又開始低聲講述同樣老套的智慧之語：「去買一間更大的房子吧，債務利息是你最好的稅收減免方式。此外，你的房子是一項資產，它應該是最大的投資。」所以，他們找尋「每月輕鬆支付」，然後捲進更深的債務之中。

依我的觀點，巨大的財富轉移將再次發生。只是不會以完全相同的方式發生而已。因此，富爸爸讓我閱讀有關經濟史方面的書。經濟學在改變，但歷史卻總在重複。

錢繼續從象限左側流向右側。這一點從未改變。許多人負債累累，卻把錢投進股票市場，通常是透過退休金計畫。就在象限左側謹慎的人最後克服恐懼、進入市場時，象限右側的人卻在市場最高點拋售。有新聞價值的事件將會發生，市場將會下跌，而當塵埃落定時，投資者會再次湧入，買回他們剛剛出售的東西。我們將再次看到另一筆巨大的財富從象限左側轉移到右側。

醫治那些賠錢的人情感上的創傷需要多年時間，或許傷口將在另一個市場接近高峰時癒合。在那時，人們會開始引用紐約洋基棒球隊隊員約吉・貝拉的話：「一切似曾相識，歷史重演。」

陰謀論？

我經常聽到人們，尤其是象限左側的人說幾個控制銀行的巨富家族共同操縱著某種全球性的陰謀。這些金融陰謀理論已經存在多年。

真的有什麼陰謀嗎？我不知道。可能存在陰謀嗎？任何事情都有可能。我知道一些有權力的家族控制著大筆大筆的錢，但一個集團能控制世界嗎？

我看到的是象限一側的一群人擁有一種思考方式，以及象限另一側的另一群人擁有不同的思考方式。他們都在參與這場大規模的金錢遊戲，但處在不同的象限，從不同的視點，運用不同的規則參與遊戲。

問題是，象限左側的人看不到右側的人正在做的事，但是，右側的人卻清楚知道左側的人正在做什麼。

獵巫行動

許多E和S象限的人不是去查明右側的人知道哪些他們不知道的，而是一心捉拿巫師。僅僅幾個世紀以前，當社會爆發一場瘟疫，或者發生某種災難時，全城的人都會去捉拿巫師，因為他們需要一個人為他們的困境接受懲罰。

然而，捉拿巫師的行動現在仍在進行。很多人為財務困境尋找應該怪罪的巫師。這些人通常想把個人的財務問題歸罪於富人，他們卻沒發現，對金錢知識的缺乏才是造成苦難的基本原因。

英雄變反派

每幾年都會出現新的財務專家，並且看起來有新的神奇致富方式。七〇年代末，正當亨特兄弟試圖使白銀市場陷入困境時，世界卻在為他們的天才鼓掌喝彩。一夜之間，他們又被當作罪犯遭到逮捕，因為那麼多人在聽從他們的建議後賠了錢。八〇年代末的垃圾債券國王麥克・麥爾肯（Michael Milken）之前還是一位金融奇才，但就在金融風暴後，他受到追捕並被關進了監獄。主角變反派，而歷史只是在一遍遍地重演。

今天，我們又有許多新的投資奇才。他們在電視上、網路上和財經期刊上頻頻出現，有些人甚至達到名流般的地位。華倫・巴菲特也被吹捧成接近於神的人物。當他買某種東西時，每個人都衝進來，購買他買的東西；而當他賣出時，價格狂跌。似乎錢總跟著他轉。如果近期有較大的市場調整，那麼今天的英雄是否會成為明天被憎恨的人呢？只有時間能告訴我們。

在每一個經濟上升期，都有英雄問世，在每一個經濟下降期，也有反派出現。英雄與反派經常是同一個人。人們總是在為自己的財務損失找出巫師並燒死他，或者找出可以責備的陰謀家。歷史將會重演，巨大的財富轉移將再次發生。那麼當它發生時，你將位於轉移的哪一邊？左邊還是右邊？我認為，人們只是沒有意識到他們正處在這個巨大的全球遊戲、一個空中的虛擬賭城之中，也沒有人告訴他們，他們是這場遊戲的重要一員。這場遊戲的名字是「誰欠誰的債」。

當銀行而非銀行家

在我二十五歲時，我明白遊戲的結果是要成為銀行，而不是找一份工作成為銀行家。此刻，我的高級財務教程開始了，就在這個時期，富爸爸讓我查一些辭彙，如抵押貸款、不動產和金融。我開始訓練用大腦去看眼睛無法看到的東西。

富爸爸鼓勵我學習、理解這種遊戲，然後在我學會這種遊戲之後，用我發現的去做想做的事情。我決定和對此有興趣的所有人分享知識。

他還讓我讀有關資本主義世界一些重要人物的書。這些人包括約翰．洛克菲勒（John D. Rockefeller）、約翰．摩根、亨利．福特。我讀過的好書之一是羅勃特．海爾布魯諾所寫的《俗世哲學家》（The Worldly Philosophers）。對於那些想在B和I象限中操作的人來說，這本書很有必要一讀，因為它是從亞當．史密斯，也就是《國富論》的作者開始，追溯歷史上所有的經濟學家。這些人透過對現代資本主義的簡短歷史回顧，闡述了資本主義的發展過程。我認為，如果你想成為象限右側的佼佼者，擁有理解歷史和未來的經濟歷史觀是非常重要的。

讀完《俗世哲學家》後，我建議大家讀愛德華特．葛萊芬（G. Edward Griffin）的《從哲基爾島來的傢伙》（The Creature from Jekyll Islan）、保羅．皮爾澤（Paul Pilzer）的《點石成金》（Unlimited Wealth）、詹姆士・戴爾・戴維森（James Dale Davidson）的《最重要的人物》（The Sovereign Individual）、羅勃特・普雷克特（Robert Prechter）的《幸運時刻》（The Crest of the Wave）和亨利・登特（Harry Dent）的《二〇一〇大崩壞》（The Great Depression Ahead）。海爾布魯諾的書告訴我們如何從經濟學的角度看待事物發展的起因，其他作者的書則講述了我們正在走向何方。他們對立的觀點，讓我看到眼睛看不到的東西，透過這些書，我已經能洞悉經濟周期的上下波動和趨勢。這些書的共同主題就是：一次最大的經濟變動就要發生。

怎麼成為銀行

在一九八六年稅改法案之後，有很多的機會，不動產、股票和企業都可以用低價獲得。對於象限左側的人來說這是悲慘時刻，然而對於我卻是妙不可言，因為我可以利用B和I象限的技能，抓住身邊的機會。我沒有變得貪婪，去追尋每個看起來是筆好交易的東西，而是決定集中精力於不動產市場。

為什麼選擇不動產呢？有五個簡單的原因：

1.價格。不動產價格如此之低，以至於抵押貸款支付，比公平市場的大多數不動產租金還要低。這些不動產有巨大的經濟效益，卻只有一點點風險。這就像商店的大減價一樣，每件商品都折價五〇%。

2.融資。銀行提供貸款給我的不動產，而不提供貸款給股票。在市場蕭條時，我想盡可能多買進，因此我購買不動產，以便現金能與銀行的融資相結合。

例如：我有一萬美元的儲蓄可以投資。如果我買股票，當然也能夠買到價值一萬美元的股票。我也能進行借貸（當你用保證金買空時，可以只花總成本的一小部分，其餘部分由經紀人公司借給你），但是我沒有足夠的財力去抵抗市場下滑的風險。而用一萬美元投資不動產，則可獲得九〇%的貸款，我最後可以買到十萬美元的不動產。如果兩個市場都上升一〇%，在股票市場我會賺到一千美元，而在不動產市場上我將賺到一萬美元。

3.稅收。如果我用股票賺了一百萬美元的利潤，我要對利潤付將近三〇%的資本所得稅。但是，用不動產賺的這一百萬美元可以把稅收轉移到下一筆不動產交易中。此外，我還能透過不動產財產折舊，獲得更大的稅收好處。

重要的是：一項投資除了稅務優惠之外，必須要有經濟效益我才會投資。任何的稅務優惠只會使投資更具吸引力。

4. 現金流。雖然不動產價格下降，但是租金沒有下降。這使我能賺一些錢以支付抵押貸款，更重要的是，使我有時間等待市場回升。租金使我有時間等待不動產價格再次上升。當價格上漲時，我能出售這些不動產，雖然我負債很多，但是這永遠不會傷害到我，因為租金遠遠高於貸款成本。

5. 成為銀行的機會。不動產使我成為一家銀行，這是我從一九七四年起就一直想做的事情。

有錢人創造財富，在《富爸爸，窮爸爸》一書中，我描寫了富人如何賺錢，並經常扮演銀行家的角色。下面是簡單的例子，幾乎每個人都能理解。比如說，我發現一棟價值十萬美元的房子，但僅用八萬美元就買下它，我付了一萬美元的頭期款，負擔七萬美元的抵押貸款。

接著我做了一個房屋出售廣告，報價是十萬美元，這是評估價，並用一些充滿魔力的廣告詞：「降價銷售房屋。屋主急售。不需銀行審核。低首付，輕鬆每月支付。」

電話鈴響個不停。房子以「租賃購買協定」的方式售出。簡單說，就是我接受十萬美元的借據後，賣了這房子。這筆交易如左圖所示：

然後，這筆交易在產權轉讓監督事務所註冊，該機構通常能幫助完成支付過程。如果這個人在這筆十萬美元交易中違約，那麼我只需取消贖回權，把這項不動產賣給另一個想要「低頭期款、輕鬆每月支付」房子的人就可以了。尋找這種購房條件的人大排長龍。

淨收益是資產項增加了三萬美元，為此我收取利息，就像銀行從貸款中獲得利息一樣。

我開始成為銀行，而且我愛極了。我記得富爸爸說：「當你負債時，你要小心。如果個人負債，要確保數額小；如果你借大額債務，要確保別人能替你支付。」

用象限右側的話說，就是我化解了風險，我把風險規避給另一個買家。這就是金融世界的遊戲。

我的資產負債表

資產	負債
$100,000 借據	$70,000 抵押貸款

買方的資產負債表

資產	負債
	$100,000 借據

全世界都在進行這種類型的交易。然而無論我走到哪裡，都會有人來跟我說這句不可思議的話：「在這裡你不能這樣做。」

大多數小投資者不知道的是，許多大型商業建築恰恰是以上面描述的方式進行買賣。有時他們透過銀行，但很多時候他們並不是。

就像不用花錢就存了三萬

我之前提到為什麼政府不提供稅收優惠給人民的儲蓄。並且，我懷疑銀行最終會不會要求政府這樣做，因為儲蓄就是銀行的負債。美國的儲蓄利息率很低，因為銀行不想讓你從儲蓄中獲得好處。因此，下面這個例子就是扮演銀行不花力氣增加儲蓄的一條途徑。三萬美元帶來的現金流表示如左圖：

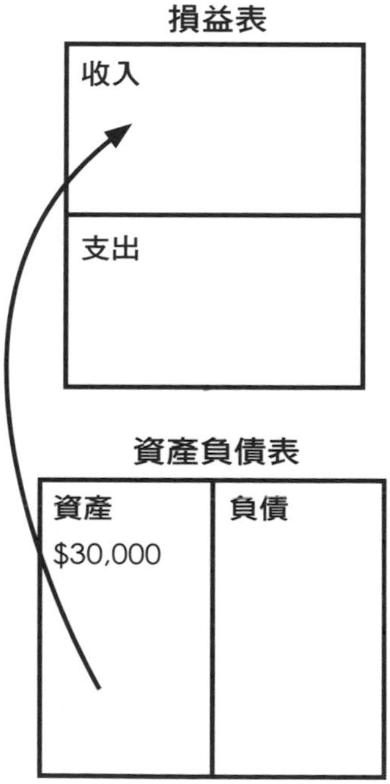

關於這個圖，有幾件有趣的事情：

1. 我決定這三萬美元的利息率是一〇%。現在大多數銀行的儲蓄利率不超過五%。因此，即使我用自己的一萬美元做頭期支付，當然這是我盡量不做的事情，其利息仍高於銀行付給我的利息。
2. 我還創造了本來不存在的二萬美元（三萬美元收入減掉一萬美元首期支付）。這就像銀行創造資產，然後對此收取利息。
3. 這二萬美元是免稅的。對於E象限中的一般人來說，幾乎要賺四萬美元的薪水才能留下二萬美元。員工賺得的收入是五五分帳，政府透過扣除的方式，在你見到它之前就已經拿走收入的五〇%。

4. 所有的房地稅、維修費和管理費用現在都由買主支付，因為我把不動產賣給了他。

在E和B象限，人們可以透過扮演銀行家做出很多有創意的事情，從零創造金錢。像這樣的交易總共只會花一星期到一個月的時間。而對於大多數人，要花多長時間才能賺到四萬美元，以便他們在扣除稅收和其他相關支出後能留下二萬美元的淨收入呢？

被隱藏起來的收入流

在《富爸爸，窮爸爸》一書中，我曾簡略描述為什麼有錢人要運用公司型式：

1. **資產保護。**如果你很富有，人們傾向透過法律手段拿走你的東西。富人名下通常沒有任何錢，他們的資產被放在信託行和公司，以尋求保護。

2. **收入保護。**透過自己的公司接受來自資產的收入流，可避免政府透過正常渠道從你手中拿走很多收入。

有一個殘酷的事實，如果你是員工，過程就會如下：

賺錢→被徵稅→花錢

作為員工，你的收入會被徵稅，甚至是在拿到薪資單之前就已透過扣除的方式被拿走。因此，如果員工每年收入三萬美元，在政府徵稅完畢後，只會剩下一萬五千美元。你還必須用這一萬五千美元支付抵押貸款。

如果你透過公司實體獲得收入流，過程便會如下：

賺錢→花錢→被徵稅

你最初投資創造的三萬美元已透過公司管道流入，但你能在政府徵稅前花費很多收入。如果你擁有企業，你可以制定規則，只要它合乎稅法。

例如，如果你制定規則，可以在公司的規章制度寫進：兒童撫養費是員工收入的一部分。公司可以用稅前收入每月支付四百美元的兒童撫養費。如果你用稅後收入支付，你必須賺到八百美元的稅後收入，才能去支付相同的兒童撫養費。這樣的清單很長，而且很具體，規定企業主能抵銷一些員工無法抵銷的費用，甚至某些旅行費用也可以用稅前收入抵銷，只要你能證明旅行中進行了商業活動。

退休計畫對於業主和員工來說，在很多情況下也是不同的。但我想強調的是，你必須遵守使這些費用能得到抵減的規章制度，利用稅法規定合理避稅是可能的，但不應該觸犯法律。

我要再次重申的是，能利用這些規定的關鍵是你的收入來自哪個象限。如果收入是作為公司員工賺來的，且這家公司不由你擁有或控制，那就沒什麼收入或資產保護措施。因此，我建議如果你是員工，請繼續工作，但是你要開始在B或I象限多花些時間。快速通向自由的路途必須經過這兩個象限，感受更多財務安全的祕密需要在不只一個象限中進行操作。

自由且免費的土地

幾年前，金和我想購買一處地產，以遠離令人發瘋的人群。我們有衝動想購買有高大橡樹和一條小溪穿過的幾英畝土地，開始享受隱居生活。

我們找到一塊地，面積為二十英畝，價格是七萬五千美元。賣主願意接受一〇%的頭期款和一〇%的利息率。這是一個公平的交易，問題是，這樁買賣違反了富爸爸教我的債務規則，即「在你負債時要小心。如果你個人借債，要保證數額較小；如果你借大額債務，要保證有人為你支付。」

金和我放棄這塊價格為七萬五千美元的土地，繼續尋找更合適的機會。對我們而言，七萬五千美元意味著較大的債務，因為當時我們的現金流如下圖所示：

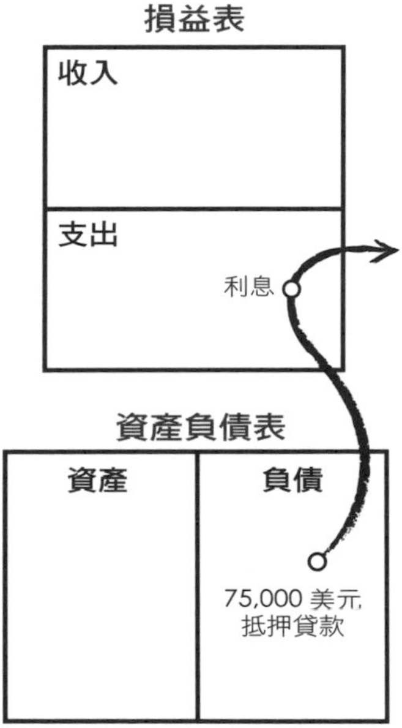

所以我們必須記住富爸爸的規則：「如果你負債並且承擔風險，那麼你應該獲得代價。」

但是，如果我接受這次交易，在交易中負債和承擔風險後，還得為此付出代價。

大約一個月後，我們找到了一塊更美麗的土地。面積為八十七英畝，有高大的橡樹和一條小溪，還有一棟房屋，總價為十一萬五千美元。我願付全額給賣主，如果他願意滿足我的條件，而他的確這樣做了。長話短說，我們花了一些錢裝修房屋，並把房屋連同三十英畝的土地以二十一萬五千美元的價格賣了出去，方式依然是「低首期支付，輕鬆每月支付」，剩下的五十七英畝土地留給我們自己。

下圖就是我的平衡表，顯示這次交易的進行情況。

新主人非常興奮，因為這是一處非常美麗的住所，而且他幾乎不用付頭期款就可以買到它。此外，他是用公司名義購買，這棟房屋被作為職員的招待所。為此，他可按購買價對公司資產進行折舊，同樣也可以扣除維修費用。此外，他還能稅前支付利息，他的利息支付多於我的。幾年後，他出售了一部分公司股票，還清了欠我的貸款。而我，反過來，還清了欠銀行的貸款，還清了債務。

用這額外的十萬美元利潤，我能支付土地和房屋的財產稅。

實際結果是零負債、一萬五千美元稅後利潤，和五十七英畝美麗的土地。你得到想要的東西，同時還獲得收入。下圖的平衡表這樣顯示這次交易。

資產負債表

資產	**負債**
$215,000	$115,000

資產負債表

資產	**負債**
57 英畝土地 $15,000 現金	

首次公開發行

首次公開發行（initial public offering，IPO）是指透過股票發行使一家私人公司公眾化。雖然用語、市場和參與者不同，但是潛在的基本原理一樣。當我的機構變成一家公司上市時，通常從一無所有中創造價值。雖然，我們也盡力使它基於公平市場價格的準確評價。我們把股票投放到公開市場，這種股權不是賣給一個人，而是要賣給幾千人，使他們成為公司的股東。

經驗的價值

我推薦大家在進入I象限之前，先在B象限工作。無論投資不動產、企業、股票，還是債券，都需要一種潛在的綜合性商業意識，這種意識對於成為一名成功的投資者來說是必要的。有些人有這種綜合性意識，但很多人沒有。主要是因為學校把我們培養成高度專業化人材，而不是綜合性人材。

對於那些考慮進入B或I象限的人，我建議開始時規模要小，並且要花點時間。當你的信心和經驗增長時，再去做更大的交易。記住，八萬美元的交易與八十萬美元的交易之間唯一的區別是一個零。完成小額交易的過程與完成價值幾百萬美元的公開買賣過程幾乎完全相同，只不過後者涉及到更多人、更多的零和更多樂趣。

一旦一個人有了經驗和良好的聲譽，他將花越少錢做越大的投資。有很多次，我不用任何錢就可以賺到很多錢。為什麼呢?經驗是可貴的。就像前面陳述的那樣，如果你知道如何用錢賺錢，那麼人們和錢就會湧向你。

小規模的開始，慢慢來。經驗比金錢更重要。

單純又簡單

理論上，象限右側的位數和交易非常簡單，無論我們談論的是股票、債券、不動產還是企業。在財務領域運用自如，僅意味著能用不同方式思考——從不同的象限角度思考，和充滿勇氣地用不同方式做事。對我而言，一個對這種思考方式還很陌生的人，必須經歷最艱難的事情就是會有無數的人對你說「你不能那樣做」。

如果你克服了那種思考限定，並遇到一些會對你說「是的，我知道怎樣做這件事，並且很高興教你」的人時，生活將變得很容易。

關於法律

本章開頭我介紹了一九八六年的稅改法案。雖然這是一次意義深遠的規則變更，但它絕不是最後一次法規變動。我只是用一九八六年法案舉例說明某些規則和法律的巨大影響力。如果一個人想在B或I象限中獲得成功，那麼他們需要了解市場和影響市場的所有法律變化。

今天在美國，有十萬多頁的稅法條例，這還只是國內收入署的部分。聯邦法律總共有一百二十多萬頁。一個人需花二萬三千年的時間，才讀得完整本美國法典。此外，每年還會有更多法律產生、刪除和變更。光是要了解這些變更，就不是一份全職工作能做完的。

每當人們對我說「那是違法的」，我只會反問他們是否讀過美國法典的每一條。如果他們說「是」，我會慢慢離開，退到門口，因為永遠不要相信自認為知道每條法律的人。想在象限右側獲得成功，需要五%用眼睛和九十五%用大腦觀察事物。了解法律和市場對於財務成功是至關重要的，財富的巨大轉移通常發生在法律和市場變化時。因此，如果你想讓這些變化為你工作，而不是針對你，小心警惕是很重要的。

政府需要你的錢

我相信納稅的合理性，也知道政府提供了很重要且關鍵的服務，以便維護運作良好的文明社會。遺憾的是，我認為政府管理不善，機構過於龐大，說了太多不能信守的承諾。當然，這不是今天坐在辦公室的政客和法律制定者的過錯，因為我們面臨的大多數財務問題是由他們的前任所造成。不幸的是，如果法律制定者還想待在辦公室，他們就不能告訴大眾事實真相。如果他們說真話，會被丟出辦公室，因為大眾仍然依賴政府解決財務和醫療問題。但政府其實做不到。

因此，美國國會透過一九八六年稅改法案，取消稅收漏洞並收繳更多的稅收。許多西方政府不得不開始多徵稅，以信守多年前的一些承諾。這些承諾包括醫療和社會保障、付給幾百萬聯邦工人的聯邦津貼等。突然間，隨著國家赤字增長，現行的退休金計畫（即美國的401(K)計畫或其他國家的退休基金）的資金將開始縮水，因為它們遭受市場波動的影響。共同基金管理者將開始出脫持有的股票，支付戰後嬰兒潮世代陸續拋出的贖回賣單，因為那些人需要現金來支付退休後的生活費。此時，這些嬰兒潮世代的人突然間將要承擔共同基金累積獲利所衍生的鉅額資本利得所得稅，並在他們贖回的當下立即產生。這筆資本利得所得稅來自於高點賣出這些價格被高估的股票，而基金公司必定也會把它轉嫁到投資人身上。很多嬰兒潮世代的人不但拿不到多少錢，反而還要為過去從未享受到的資本利得繳納一大筆所得稅。別忘了，國稅局絕對會比你先拿到錢。

幾百萬個更貧窮的嬰兒潮世代的健康將同時開始衰退，因為自古以來窮人的健康狀況總比富人差。醫療保險將會瀕臨破產，要求政府支援的呼聲將在全美各城市中上升。

此外，由於中國成為擁有最大國民生產總值的國家，以及各種服務（如會計、資訊科技和遠端行銷）移往印度等國家的趨勢讓美國更加黯然失色。所以很清楚地，薪水將下降，或是生產率必須大幅提升，才能應對全球市場快速變動。

另一場巨大的財富轉移將因無知而發生。我們正處在大政府和大企業的工業時代最後時期，不管你願不願意，我們正步入資訊時代。一九八九年，柏林圍牆倒了。依我的觀點，這次事件的重要意義，類似於一四九二年哥倫布在探索亞洲的過程中發現美洲大陸的意義。在某些領域，一四九二年是為期五百年的工業時代的正式開端，結束時間是一九八九年。規則已經完全改變了。

歷史是一本指南

我的富爸爸鼓勵我學好這種遊戲。在學成之後，我能用自己了解的知識做想做的事。我發現有更多人需要知道如何在財務方面照顧自己，而不是依靠政府或企業去獲得生活上的支援。正是出於這種關注和意識，我開始寫作和教書。

我希望自己在經濟方面的預見是錯的，也許政府能夠信守諾言照顧人們——透過繼續增稅和陷入更深的債務之中；也許股市將一直上升，永遠不再下跌；也許不動產價格將持續上升，你的房子將成為最好的投資；也許幾百萬人將在最低薪資中發現幸福，並為家庭提供美好的生活。也許這些都能發生，但我不這樣認為。如果歷史是一本指南，這一切將不會發生。

從歷史上看，如果一個人能活到七十五歲，那麼他將經歷兩次經濟衰退和一次經濟蕭條。作為在生育高峰時期出生的人，我們已經經歷三次經濟衰退，但是還沒有看見蕭條。或許不再有什麼經濟蕭條，但歷史不這樣說。有句話說：「如果你的鄰居失業，那是經濟衰退。如果你失業，那就是經濟蕭條了。」

富爸爸讓我讀有關資本家和經濟學家的書，就是為了使我能對我們來自何方和我們將走向何方的問題有更長遠的認識和更好的洞察力。

就像海上有風浪一樣，市場上也同樣存在著巨浪。與海洋上的風浪受風和太陽驅動不同，金融市場的風浪受人類的兩種情感驅動：貪婪和恐懼。我不認為經濟蕭條是過去的事，因為我們一直具有貪婪和恐懼這兩種情感。當貪婪和恐懼崩潰，人們損失慘重時，緊接著的情感是沮喪。沮喪由兩種情感所構成：氣憤和悲傷，對自己的氣憤和對損失的悲傷。經濟蕭條是情感蕭條，人們受到損失而變得沮喪。

即使經濟總體可能看起來運作良好，但很多人處在不同程度的沮喪之中。他們可能有工作，但是神情沮喪，因為他們知道在財務方面無法走在前頭。他們生自己的氣，並為損失而傷心。大部分人不知道他們已經受到工業時代的思想束縛——找一份穩定、安全的工作，不要擔心未來。

巨大變化代表了機會

我們正進入充滿巨大變化和機遇的時代。對一些人而言，這將是最好的時代，而對另一些人，將是最差的時代。

約翰．甘迺迪總統說：「偉大的變化將要來臨。」

甘迺迪來自象限的右邊。在過去一九六〇年間，他曾不顧一切試圖挽救那些陷於時代偏見中的人。不幸的是，幾十年過後，很多人今天仍然處在這種時代偏見之中，頭腦仍深刻保留著由前輩傳下來的觀念，例如去上學以便能找到一份安全的工作。我深知在當今，教育比以前任何時候都更重要，但我們需要教育人們思考更多東西，而不只是去尋找一份安全的工作，並期待公司或政府在他們退休時照顧他們。這是工業時代的思想，而我們現在已經不在那個時代了。

沒有人說這是公平的，因為這不是一個公平的國家，但卻是自由的國家。有人比別人工作更努力、頭腦更聰明、更成功、更有天賦，渴望更好的生活。在美國，很幸運地，如果我們做出決定，可以自由追求這些野心。但是每當有人做得更好時，一些人就會說這不公平。這些人認為只有富人與窮人共同分享才會公平。然而，沒有人說這是公平的，而且我們越是使事情公平，得到的自由也越少。

當人們對我說，社會存在種族歧視或者「玻璃天花板」時，我表示贊同。我知道這樣的事情存在。我個人憎惡任何歧視，作為一個日裔美國人，我自己也受過歧視。在E和S象限，歧視的確存在，尤其是在公司。你的外貌、學校，無論你是白人、黑人、棕色人種或者黃種人，男人或者女人，所有這些事在象限左側都要考慮，但是在象限右側，這些東西沒有絲毫的意義。象限右側不關心公平或安全，而是關心自由及對這遊戲的熱愛。如果你想到象限右側，這些人會歡迎你。如果你參與並且獲勝，那很好，他們將更歡迎你，並請教你祕訣；如果你參與且輸掉了，他們會很高興地拿走你所有錢，但是不要抱怨或把失敗怪罪於他人，這不是象限右側進行遊戲的方式。公平不是這遊戲的名字。

為什麼政府不干預B和I象限呢？

事實上，政府不是不干預「B－I」象限，只是「B－I」象限有更多途徑能合理逃避和隱藏財富。在《富爸爸，窮爸爸》一書，我談過公司力量的問題。富人保留更多的財富，主要是因為他們透過公司而不是個人進行操作。個人需要護照往來於各國之間，而公司不需要，公司可以自由旅行於世界各地，並且通常能自由工作。個人需要到政府註冊，在美國還需要有綠卡才能工作，公司則不需要。

雖然政府時時刻刻都想從公司手上拿走更多錢，但是他們知道如果濫用稅法，公司會把錢和工作都轉移到別的國家。在工業時代，人們說的「離岸」是指國家，富人在那裡尋找對錢友善的避稅天堂。今天，「離岸」不是指國家，而是網路空間。越來越抽象和看不見型體的貨幣可以被隱藏在虛擬的電子領域。因為若非如此發展，人們很快就會在不存在法律限制的同步衛星上進行融資活動，或選擇一個法律對富人更有利的國家來操作金錢。

在《富爸爸，窮爸爸》一書中曾提到，就在哥倫布發現充滿財富的新大陸之後，公司在工業時代初期變得流行起來。每當富人派船隻出海時，意味著他在冒險，因為如果船隻回不來，就要給死亡的海員家人安家費用。富人不希望這樣，因此透過成立公司來尋求法律保護，並把損失與風險限制在資本金額內。

無論我在世界上哪個地方旅行，與我打交道的人主要都以這種方式做事。作為公司的員工，理論上，他們一無所有，事實上也不以普通公民的身分存在。他們是以富有公司的長官身分存在，但作為公民，他們一無所有。再來就是無論我到什麼地方，總能遇到一些人對我說：「在這個國家你不能這樣做，這麼做就觸犯法律。」

大多數人沒有認識到，在西方世界，大部分國家的法律都是相同的。他們可能用不同的語言描述相同的事情，但原則上完全一樣。

我建議，如果可能的話，至少應考慮成為自己公司的員工，對於高收入的「S」和「B」，這個建議尤其可行，即使你們擁有特許經營權，或從直銷得到收入。去徵求有能力的財務顧問的建議吧，他們能針對你的特殊情況，幫助你選擇和實施最好的方案。

有兩種法律？

從表面上看，似乎有針對富人的法律和針對其他人的法律。但實際上，法律是相同的。唯一不同的是，富人利用法律獲得利益，而窮人和中產者卻沒有，這是最基本的差別。

我建議你雇一位聰明的顧問並遵守法律，合法地賺錢。法律顧問將成為你的早期警告系統，告訴你即將到來的法律變化。當變化來臨時，財富會發生轉移。

兩種選擇

在自由社會生活的一個好處就是有選擇的自由。依我看，有兩大選擇——安全和自由。如果你選擇安全，那麼你將為了這種安全，以過量的稅收和懲罰性利息支付的形式支付高價；如果你選擇自由，你需要學會整個遊戲並參與，而且將由你選擇在哪個象限中參與。

本書第一部定義了現金流象限的具體內容，而第二部則集中描述象限右側的人具有的思考方式和態度。因此，現在你應該知道自己正處在哪個象限，以及想去哪個象限。你應該對象限右側的思想過程和思考方式有更好的了解。

雖然我已經向大家介紹從象限左側移到右側的途徑，但現在我要提供更多的細節。在本書最後一部，我將告訴你尋找快速財務路徑的七個步驟，我認為這對於轉移到象限右側是非常必要的。

只要記得：建立企業和購入房地產

一九四三年，美國開始透過薪資扣款，向所有有工作的美國人徵稅。換句話說，政府在E象限的人獲得支付前得到支付。任何單純位於E象限的人幾乎都無法逃脫政府的稅收。這意味著不再符合第十六次修改法案的意願、即只對富人徵稅，而是對象限左側的每個人都要徵稅，無論富有還是貧窮。在現在的美國，收入最低的人按稅率要繳納的稅收比富人和中產階級還高。

一九八六年，稅改法案是針對S象限中高收入的專業人員。這項法案特別列出了醫生、律師、建築師、牙醫、工程師和其他類似職業，使得這些人在可能的情況下按照富人在B和I象限的方式隱藏收入變得更加困難。

這些專業人員被迫透過S型企業經營他們的企業，而不是C型企業，否則將支付稅收罰款。富人不付這種罰款。這樣一來，那些高傭金的專業人員不得不透過S型企業獲得收入，並按盡可能高的個人稅率納稅，他們沒有機會透過運用C型企業的稅收減免規定隱藏收入。並且，法律幾乎同時被變更為迫使所有S型企業按日曆年度結算，這再度讓所有收入都將按最高稅率納稅。

我最近和個人會計師議論這些變更時，他提醒我，對那些新開業的自由工作者來說，最大的震驚通常在第一年的業務結束時，那時他們認知到支付的最大稅收是「自我雇用」稅。這種針對「S」、即自由工作者的稅，是他們作為「E」、即員工時所納稅額的兩倍，而且這是在已扣除法定扣減專案或個人扣除額後的收入基礎上計算出來的。自由工作者很可能沒有任何應稅收入，卻要照舊支付自我雇用稅。相反地，企業不必支付自我雇用稅。

一九八六年稅改法案還有效推動了美國的「E」和「S」走出不動產投資領域，進入證券資產領域，如股票和共同基金投資市場。一旦開始縮小規模，很多人不僅感覺工作更不安全，還會感到退休生活也不再有保障，因為他們正在把未來的財務命運置於受市場上下波動影響的證券資產上。

一九八六年的稅改法案似乎也有意願關閉較小規模的美國社區銀行，並把整個銀行業轉變為幾家大的國有銀行。我推測，這樣做的原因是想使美國能與德國和日本的大銀行相抗衡。如果這就是意圖的話，那麼這改變已經成功。現在，在美國，銀行業已不再那麼個人化，而是以數字為準。而這樣做的另一結果，是對於某些階層的人來說，更難獲得住屋貸款。現在，不再是由小城鎮的銀行職員透過性格了解你，而是如果你不能滿足電腦的非人格化資格要求，電腦主機將把你的名字從允許貸款者的名單上劃掉。

在一九八六年稅改法案之後，正如富爸爸在多年前告訴我的——「建立企業和購買不動產」。富人們繼續賺更多錢，工作得更少、支付較少的稅，享受更多資產保護；他們透過C型企業賺到錢，並透過不動產掩蓋收入。當眾多美國人工作並支付越多稅收，接著幾十億美元流入共同基金市場時，富人們正安靜出售著C型企業的股票，賺更多的錢，然後花幾十億美元購買不動產。C型企業的股票使買家分享擁有企業的風險，而股票並沒有使股東獲得C型企業和不動產投資的好處。

為什麼富爸爸建議建立C型企業、購買不動產呢？因為稅法提供獎勵給這樣做的人，但這不是本書要討論的話題。只要記住這些巨富，如麥當勞創建者瑞．格羅克所說的話就行了：「我的業務不是做漢堡，我的業務是不動產。」或是記得富爸爸所說的：「建立企業，然後購買不動產。」

一九九〇年，喬治．布希總統承諾：「仔細聽我說，不會再有新稅收了。」之後卻提高了稅收；一九九二年，柯林頓總統把近代歷史上最大的賦稅增加寫進了法律，增稅持續到二十一世紀。又再一次，這些增稅影響了「E」和「S」，但大部分「B」和「I」沒有受到任何影響。

進入資訊時代需要收集來自不同象限的資訊，在資訊時代，高質量的資訊才是最重要的資產。正如艾瑞克．霍夫（Eric Hoffer）所說：「在變化的時代，學習者繼承了世界，而博學的人則發現，自己有能力處理的世界已不存在。」

請記住，每個人的財務狀況都不同，因此我始終建議：

1. 尋找你能找到最好的職業和財務建議。例如，C型企業可能在一些事例中很有效，但並不在所有情況下都有效。甚至在象限右側，有時S型企業也很適合。
2. 為富人、窮人和中產階級服務的顧問不同，就像有分別為象限右側和左側的人服務的顧問一樣。還要考慮尋求那些成功人士的建議。
3. 不要因為稅收緣故進行商業或投資活動。稅收漏洞是按照政府要求的方式做事的一種額外獎勵，它應該是獎金，而不是理由。

如果你是非美國公民的讀者，這些建議仍然有效。我們的法律可能不同，但是尋找有價值建議的原則是相同的，全世界象限右側的人所進行的操作都非常相似。

第三部

如何成為成功的B和I

Rich Dad’s Cashflow Quadrant

第十章
初級步驟：一步一腳印

跑步之前得先學會如何走路。

我們都聽說過這句話：「千里之行，始於足下。」我把這句話略微修改了一下，我會說：「千里之行，始於一小步。」

我強調這點是因為我見過太多人試圖向前邁出偉大的一步，而不是採取初級步驟開始進行。我們都見過一種人，他們非常肥胖，於是決定減掉十公斤，恢復好身材。他們開始瘋狂節食，每天去兩小時的健身房，慢跑十五公里。這樣持續了可能一星期後，他們減輕了幾公斤，然而這時痛苦、煩躁和饑餓開始消磨他們的意志力和決心。到了第三週，他們的老毛病如過度飲食、缺乏鍛練和看電視再次失控。

我的建議是，不要總想向前邁出偉大的一步，而是要用一小步前進。長期的財務成功不是用步伐有多大來衡量，而是用步數、前進的方向和年數來衡量。事實上，這適用於任何成功或失敗的公式。對於金錢，我見過太多人試圖用太少付出做太多事，包括我自己。然而，這樣做的後果只是崩潰和滅亡。首先你需要一把梯子，把自己從親手挖的財務深坑裡解救出來。在這之前，你很難向前邁進，哪怕是一小步。

如何吃下一頭大象？

本書的這一部將描述七個步驟，用來指導你通往象限右側的路程。在富爸爸的指導下，我從九歲起就開始實踐這七個步驟。只要我還活著，我將繼續這樣實踐。在你閱讀這七個步驟之前，我得提醒你，對於一些人而言，這個任務是艱鉅的，特別是如果你想在一星期內完成，更是如此。因此請從一小步開始。

我們都聽說過這句話：「羅馬不是在一天之內造成的。」每當我發現自己快被「你如何吃掉一頭大象」這類東西壓得喘不過氣來時，我都會想到這句話：「每次吃一口。」這也是當你在實現從E和S象限轉移到B和I象限時，感到被必須學習的東西壓得喘不過氣時，我推薦的處理方式。請善待自己，並認知到這種轉變不只是智力學習的過程，還是情感學習的過程。在你用半年到一年時間學習這些最初級的步驟之後，你會適應這句話：「在你能跑之前必須學會走。」換句話說，你要經歷嬰兒學步、走路，然後才是跑，這是我推薦的路徑。如果你不喜歡這條路，那麼你可以做那些以快速簡單的方式迅速致富的人所做的事，就是買彩券。誰知道呢？也許哪天就是你的幸運日。

行動總是勝過不行動

我認為，E和S很難移到B和I象限的主要原因之一是他們太害怕犯錯。他們經常說：「我害怕失敗。」或者說：「我需要更多知識，或是你能再推薦一本書嗎？」恐懼或自我懷疑是使他們困在象限中的主要因素。請花時間閱讀這七個步驟，並實踐每個步驟。對大多數人而言，最初的一步就足夠使你踏上B和I象限的旅途，只是開始這第一步就可以為你打開全新的世界。然後，你只須繼續採取後面的步驟就行了。

耐吉（Nike）的口號是「做，就對了！」（Just do it），這個口號最能闡釋這一點。遺憾的是，我們的學校卻在說「別犯錯誤」（Don't make mistakes）。很多受過良好教育的人想採取行動，卻被這種情感上怕犯錯的恐懼束縛，而無法行動。作為老師，我認為最重要的教育就是智力、情感和體力的學習。因此，行動總是勝過不行動。如果你行動並犯錯，至少你在智力、情感和體力方面知道某些事情應該怎樣做。一個不停尋找正確答案的人，容易患有「分析癱瘓症」，這種病看起來影響了很多有學問的人。其實，我們透過犯錯學習。我們透過犯錯學會走路和騎車，甚至開車。出於對犯錯的恐懼而害怕採取行動的人，在智力上可能是聰明的，但在情感和體能上卻是低下的。

幾年前，有人曾做過一項全世界富人和窮人的研究。這次研究想查明出身貧寒的人最後如何致富。研究發現，這些人無論生活在哪個國家，都具備三種特性：

1. 他們持有長期的展望和計畫。
2. 他們相信延遲享樂。
3. 他們以有利於自己的方式運用複利力量。

研究發現，這些人長期思考和計畫，並且知道透過堅持夢想或展望未來，最後能夠獲得財務成功。基於相信回報，他們願意做出短期犧牲去實現長期的成功。愛因斯坦驚訝於錢是如何透過複利方法翻倍的，他認為複利計息是人類最驚人的發明之一。複利的力量還把複利計算法延伸到錢以外的另一個層面上，它強調學習過程中的每個最初步驟經過多年後都將複利化。沒有進行這些步驟的人將得不到擴大知識和經驗累積的槓桿，知識和經驗來自「複利計息」。

這項研究還發現了引起人們由富變窮的因素。有很多富裕家族僅經歷三代就損失了大部分家產。研究發現這些人擁有以下三種特徵：

1. 他們目光短淺。
2. 他們渴望即時回報。
3. 他們濫用複利力量。

現在，我遇到一些對我很失望的人，因為他們想要我告訴他們如何能賺到更多錢。他們不喜歡從長期角度考慮問題。很多人不顧一切地尋求短期答案，因為他們有很多金錢問題需要解決，從消費者信貸到缺少投資，這些都是由於他們對即時回報不可控制的欲望所造成。他們認為「在我們年輕時，應該盡情吃喝玩樂」。這種做法濫用了複利的力量，導致長期負債，而不是長期財富。

他們想要快速的解決辦法和答案，並希望我告訴他們應該做什麼。他們只是想得到解決長期問題的短期答案，而不是為獲取財富傾聽他們應該成為怎樣的人。換句話說，太多人固守迅速致富的生活哲學。對於這些人，我只能祝他們好運，因為那正是他們需要的。

一個重要的提示

我們大多數人都聽說過，寫下目標的人比沒寫下的人更容易成功。我上過很多關於目標設定的課程，而且學到一個觀念，讓我這些年來不斷反覆思考。擁有偉大的長遠夢想和希望固然很好，但是達成這些夢想是一小步一小步累積來的。與其努力做出類拔萃的人，不如做一個沒那麼成功的人，但對每一小步都感到滿足。因為每一步都讓你更接近遠大的夢想和目標。

奇怪的是，即便到今日，我發現不折磨自己做過度成功的人，抱持無需太成功的心態，反而成就更多。其中一個例子是，我訂了一個目標：每個禮拜聽兩卷錄音帶。如果某卷錄音帶不錯，我可以同一卷聽兩遍或更多遍，但這仍然算是一個星期兩卷。金和我有一個目標：每年參加至少兩個關於B和I象限的學習班。我們和B和I象限的專家一起度假。在我們遊戲、休息和出外進餐時，我們又學到了很多東西。這些是小目標，卻是向偉大而大膽的夢想前進的方法。

任何投資的關鍵都在於設定一個很大的目標，而且有系統地達成。一開始由小步驟開始，隨學習跟經驗累積後，擴大投資規模。你會想把自己逼出舒適圈，但是請慢慢來。我和金就是這麼做。從很小的目標開始，逐漸引導到財務自由的終極目標。想擁有好身材也是一樣的方法。我跟著一位嚴格的教練健身，他督促我每天或每個禮拜完成一個小目標。當我能力進步時，他才慢慢加重訓練，然後慢慢往大目標前進。

所以，大膽夢想，然後每一天一點一點進行。我建議設定每天都可以達到的目標，當達到的時候，提供一些正向獎勵，以幫助自己保持在從現金流象限左側移往右側的道路上。

如果想致富，你必須改變規則

人們常引用我說的這句話：「規則已經變了。」很多人聽到這句話時，點頭表示同意並說：「是的，規則已經變了，一切都不再相同。」但說完之後，他們卻繼續做著同樣的事情。

工業時代的財務狀態

當我教「讓你的財務生活變得有序」這門課時，我首先讓學生填一份個人財務報表，這常常能一次改變生活的經歷。財務報表非常像X光，因為財務報表和X光都能讓眼睛看到在沒有借助任何工具的情況下所看不到的東西。在學生填完報表後，很容易看出誰有財務頑疾、誰的財務健康。一般來說，擁有財務頑疾的人，是那些具有工業時代思想的人。

為什麼這樣說呢？因為在工業時代，人們不必考慮明天。它的規則是「努力工作，你的雇主或政府將在未來照顧你」。因此，在我的朋友和親人中，有許多人經常說：「找一份政府工作，有相當不錯的福利待遇。」或者說：「要確信你工作的公司有好的退休計畫。」或說：「要確信你公司有一個勢力強大的工會。」這些是基於工業時代規則的建議，我把它稱做權利意識。雖然規則已經改變了，但是很多人還沒有改變個人規則，尤其是他們的財務規則。他們仍然像不必為將來計畫一樣進行花費。這就是我在閱讀一個人的財務報表時尋找的東西——是否為明天考慮。

你的未來會如何？

簡單來說，下頁的圖表是我在個人財務報表上尋找的東西。

損益表

收入
支出 （今天）

資產負債表

資產	負債
（明天）	（昨天）

那些沒有資產能產生現金流的人，通常都擁有充滿掙扎與壓力的未來。我發現沒有資產的人通常是為薪水而努力工作，並以薪水支付帳單的人。如果你觀察大多數人的支出專案，會發現兩項最大的月支出是稅金和長期負債的債務。他們的支出狀況如下圖。

換句話說，政府和銀行在他們得到支付前已拿走了一部分。不能控制現金流的人通常沒有財務未來，且幾年後，他們將發現自己處於嚴重的財務困境之中。

為什麼呢？原因是處在E象限的人幾乎沒有稅務和債務保護。甚至「S」對這兩個財務頑疾也無能為力。

損益表

收入
支出 稅收（約占 50%） 債務（約占 35%） 生活費

如果本章對你來說不好理解，我會建議你閱讀或者重看《富爸爸，窮爸爸》這本書，它將使本章和下面幾章更容易理解。

三種現金流形式

就像在《富爸爸，窮爸爸》一書中所陳述的，有三種基本的現金流形式：一種是富人的，一種是窮人的，另一種是中產階級的。以下是窮人的現金流形式：

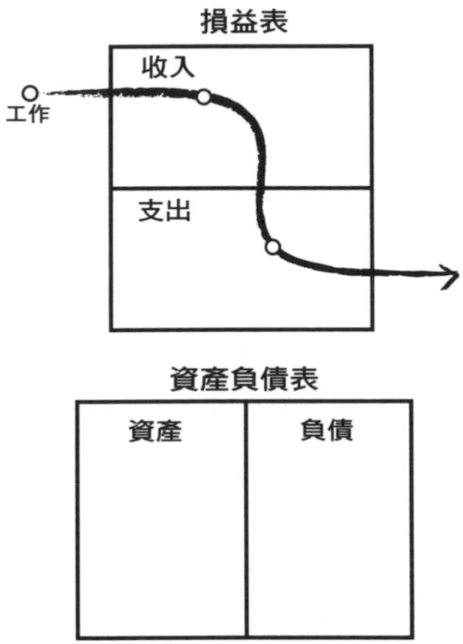

這是中產階級的現金流形式：

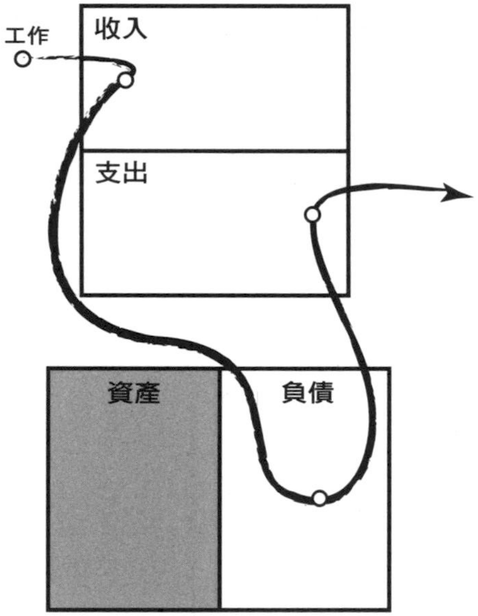

這種現金流形式被社會認為是典型和明智的。畢竟，有這種現金流的人很可能有高薪工作、漂亮房子、汽車和信用卡，我的富爸爸稱之為「工薪階層的夢想」。

當我和一些成年人玩桌遊「現金流」時，他們通常在心理覺得掙扎。為什麼呢？因為這是在引介他們財務知識，意味著要花時間理解金錢的數字和語言。這個遊戲需要花幾個小時進行，不是因為遊戲很長，而是因為參與者正在學習一個全新的科目，就像在學一門外語。所幸的是，這種新知識能夠很快被掌握，到那時，遊戲將會進行得越來越快。遊戲速度加快是因為參與者變得更聰明，他們玩遊戲的次數越多，在投資方面就變得越聰明和敏捷，而且整個過程都充滿了樂趣。

另外還會發生一些事。由於他們現在有了財務知識，很多人開始發現自己正處在財務困境中，雖然社會上其他人認為他們的財務正常。你知道，擁有中產階級形式的現金流在工業時代是正常的，但在資訊時代卻可能是災難。

很多人一旦學會並理解了這個遊戲，就開始尋找新答案。就像一次溫和的心臟病對一個人的身體健康而言是個警告一樣，人們被喚醒了，並開始關注個人的財務健康。

在領悟一切的那一刻，很多人開始像有錢人而非努力工作的中產階級那樣思考問題。在玩過幾次「現金流」遊戲後，一些人開始把思考模式改變成富人的模式，並且開始尋找下頁這種現金流形式：

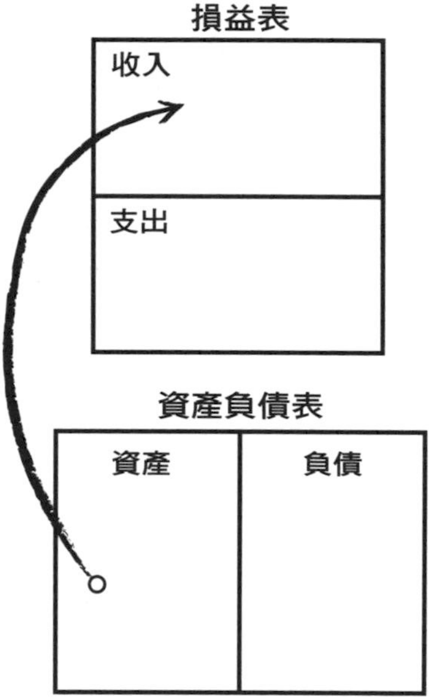

這是富爸爸在我們小時候努力培養並使他兒子和我擁有的思考方式，因此他拿走我們的薪水並拒絕加薪，他從不讓我們沾染上尋找高薪工作的習慣。他讓我們養成只考慮資產和資本利得、股息、租金、企業剩餘收入和專利權使用費這些形式收入的財務思考方式。

對於那些想在資訊時代獲得成功的人來說，越早開始開發財務智商和情緒智商、越早使用這種方式思考問題，就能越快感覺到更多的財務安全並找到財務自由。在一個工作保障越來越少的世界，這種現金流形式對他們而言，有著更大的意義。想獲得這種形式的現金流需要從B和I象限的角度觀察世界，而不是E和S象限。

我也把它稱作資訊時代的財務報表，因為收入是從資訊中產生，而不單從努力工作中產生。在資訊時代，努力工作的思想已不再具有農業時代和工業時代所具有的那種意義，在資訊時代，體力工作的人將被支付得最少。今天，這已經成為現實，並且在歷史中都將是現實。

而今，當人們說「不要光努力工作，還要聰明工作」時，他們不是指在E或S象限中聰明的工作，而是指在B或I象限。這是資訊時代的思想，因此財務IQ和情緒智商在現在和未來都是至關重要。

你的答案是什麼？

很明顯，我的答案是重新教育自己，使自己像富人而不是窮人或中產階級那樣思考。也就是從B或I象限思考和觀察這個世界。但是，解決辦法不像回到學校再上幾門課那樣簡單。想要在B或I象限中成功需要有財務智商、系統知識和情緒智商，遺憾的是，目前這些知識大部分在學校裡尚無法學到。

這方面的知識很難學到是因為大多數成年人具有「努力工作然後消費」的生活模

式。他們感到財務焦慮，因此匆忙跑去努力工作。他們回到家裡，聽著有關股市上下波動的消息，於是焦慮又增加了。他們便去購買新房子或新汽車，或是去打高爾夫球以躲避焦慮。

問題是，在星期一早上，焦慮又回來了。

人們經常問我如何開始像富人一樣思考。我總是建議他們從小地方著手，並不斷增加知識，而不是到處亂跑，盲目跳入投資。如果你對於學習和重新培養自己、使自己能像富人一樣思考問題抱持嚴肅的態度，那麼我推薦我的桌遊「現金流」。

我發明這個遊戲的目的是幫助人提高財務智商，這個遊戲為大家提供了智力、體力和情感的訓練，而這些訓練對於使人從窮人或中產階級的思考模式漸漸轉變為像富人一樣思考而言是十分必要的。它教育人們認識富爸爸曾經對我說的話是重要的，而不是只考慮一張薪資單或一間大房子的問題。

現金流才能解決焦慮，不是錢

財務窘困和貧窮是真正令人焦慮的財務問題，這些問題約束了我們的智力和情感，使人困在「老鼠賽跑」中。除非這種智力和情感的束縛被打破，否則這種模式將不會改變。

幾個月前，我和一位銀行家一同設法打破他的財務困境。我不是治療專家，但是我曾打破根植在家族中的財務習慣。

這個銀行家的收入不菲，卻總是處在某種財務困境中。他有一個幸福的家庭、三輛汽車、一棟大房子、一棟別墅，看起來是有前途的銀行家。但是，當我審察他的財務報表時，我發現他患了財務頑疾，如果不改變現有的財務生活方式，幾年後他將無可救藥。

他和他妻子第一次參加「現金流」遊戲時苦苦掙扎，露出幾乎不可控制的煩躁不安。他的思維四處遊蕩，看起來根本不能掌握遊戲。四小時後，他仍然陷在困境中。別人都已完成遊戲，而他還處在「老鼠賽跑」中。

因此，當我們結束遊戲時，我問他感覺怎麼樣，他唯一的回答是這個遊戲太難、太慢、太枯燥。這時我提醒他在遊戲一開始時告訴他的話：所有遊戲都是對玩遊戲的人的一種測試，也就是說，遊戲像一面鏡子，讓你看到自己。

這句話激怒了他，因此我退了一步，問他是否還想使財務生活得到改善，他說他想。於是我邀請他和妻子（他妻子喜歡這個遊戲）與由我指導的一個投資小組一起再玩一次。

一星期後，他表現得比較好了。這時，他有了一些靈感。會計對他來說很容易，因此他把位數處理得整齊而有條理，這對遊戲來說非常寶貴。在做好這些工作後，他開始了解企業和投資領域。他最後開始用大腦「看見」自己的生活類型，並知道正在做的事情如何導致自己的財務困境。四個小時後，他仍然沒有完成遊戲，但是他已經開始學習。當遊戲結束後，他要求再玩一次。

到第三次時，他變成一個全新的人。現在他控制著遊戲、財務狀況和投資。他的信心迅速增加，這次他成功跳出了「老鼠賽跑」，進入到「快車道」。遊戲結束時，他買了一套桌遊並說：「我要教我的孩子們玩。」

到第四次時，他告訴我「他的個人支出」下降了，他改變了花錢習慣，並取消了幾張信用卡。現在，他有很大的興趣學習投資和建立資產專案，他的思考已經開始使他成為一個資訊時代的思考者。

玩第五次時，他購買了「現金流二〇二」，這是為那些已經掌握「現金流」的人所準備的高級版本。他現在準備並渴望參與真正的「B」和「I」，進行快速而有風險的遊戲。最可喜的是，他已經控制了財務未來。這個人已經和那個在第一次玩遊戲時要求我把遊戲設計得更容易的人完全不同。當時我告訴他，如果他想玩更容易的遊戲，應該玩「大富翁」而不是「現金流」，「大富翁」也是個很好的教學遊戲。經過僅僅幾個星期，他不再要求事情變得更容易，而是積極尋求更大的挑戰，並且對財務未來充滿樂觀。

透過反覆玩這個桌遊，他不僅在思想上受到很多教育，更重要的是在情感上。我認為，遊戲是一種高級教學工具，因為它要求參與者完全進入學習過程中，並在其中獲得樂趣。參與遊戲是在智力、情感和體力上的投入，是全身心的學習。

第十一章

第一步：是時候考慮你自己的事了

我們被調教成重視別人的事業，而非自己的事業。

你一直在努力工作使別人變得富有嗎？從小時候開始，大多數人就被灌輸替別人的事業努力，使他人變得有錢的觀念。這通常都是從下列無知的建議開始：

- 「上學，得高分，這樣你就能找一份穩定安全的工作，有很高的薪水和很好的福利。」
- 「努力工作你才能買到夢想的房子。畢竟住屋是一項資產，而且房子是最重要的投資。」
- 「擁有大額房貸是很好的做法，因為政府為利息支付提供稅收減免。」
- 「先購買，後支付。」、「低頭期款，每月輕鬆支付。」或「有錢就存起來。」

盲目聽從這些建議的人，通常會成為：

1. 員工：使他們的老闆和公司主人致富。
2. 債務人：使銀行和債權人致富。
3. 納稅人：使政府致富。
4. 消費者：使很多其他企業致富。

他們沒有找到自己的財務快車道，相反地，卻幫助其他人進入快車道。他們工作一輩子，不是為自己的事業忙碌，而是為其他人辛勞。

透過觀察收益表和資產負債表，你能很容易發現，我們在早期已被捲入其他人的事業，而忽略了自己的。

損益表

收入 關注老闆的事業
支出 你透過向政府交稅而關注政府的事業。 透過消費，你關注其他人的事業

資產負債表

資產	**負債**
這是你自己的事業	你關注銀行的事業

採取行動

對很多人來說，他們的財務報表實在不是一幅美麗的圖畫，而這種情況多數是因為他們被誤導為其他人的企業忙碌，而沒有關注自己的事業。要改變這一點，我建議下列的行動方案：

1. **第一步：填寫個人財務報表。**為了到達想去的地方，你需要知道自己現在在什麼地方。這將是你控制生活、花更多時間關注自己事業的第一步。

2. **設定財務目標。**為你想在五年內到達的地方設定一個長期財務目標，並為自己想在十二個月內到達的地方設定一個較小的短期財務目標。設定現實、可實現的目標。

A. 我的五年目標是：

(1) 我想增加資產的現金流，或者增加被動收入（被動收入是不用工作即可賺得的收入，即投資收入）________元／月。

(2) 在資產欄位中擁有下列投資（如不動產、股票、貴金屬等等）。

B. 我的一年目標是：

(1)我想減少債務________元。

(2)增加資產的現金流到________元／月。

C.我將用五年目標改變從今天起五年內的收益表和資產負債表。

由於你已經清楚知道自己的財務狀況並且設定目標，所以需要控制現金流，以便實現。

職業 ________ **玩家** ________

目標：藉著讓自己的被動收入金額大於總支出，來跳脫老鼠賽跑進入快車道

收入支出表

收入

項目	現金流
薪資：	
利息／股利：	
不動產／事業：	

支出

稅賦：	
自用住宅貸款：	
學費貸款：	
汽車貸款：	
信用卡：	
消費性貸款：	
額外支出：	
小孩支出：	
借貸支出：	

審計員 ________

（坐在你右手邊的玩家）

被動收入： $ ________
（從利息／股利＋不動產／事業獲得的現金流）

總收入： $ ________

小孩個數： ________
（遊戲一開始為零）

每位小孩的支出： $ ________

總支出： $ ________

每月現金流（發薪日）： $ ________
（總收入－總支出）

資產負債表

資產

儲蓄存款：

股票／基金／定存單	股數	每股成本

不動產／事業：	頭期款	成本

負債

自用住宅貸款：	
學費貸款：	
汽車貸款：	
信用卡：	
消費性貸款：	

不動產／事業：	貸款／負債
貸款：	

第十二章

第二步：控制你的現金流

不會掌控自己現金流的人，只能替那些會掌控現金流的人工作。

很多人認為僅靠賺更多錢就能解決財務問題，但是，在大多數情況下，這種做法只會造成更大的財務問題。

大多數人有金錢問題的主要原因是他們從來沒有接受過管理現金流的教育。他們學會讀、寫、開車和游泳，但卻從未被教導如何管理現金流。由於沒有受過這方面的培訓和教育，於是當他們最後遇到個人財務問題時，只能更努力工作，相信更多錢會解決這些問題。正如富爸爸經常說的：「如果現金流管理是真正的問題所在，那麼再多錢也無法解決問題。」

最重要的技巧

在決定關注自己的事業後，作為CEO，下一步就是控制你的現金流。如果你不這樣做，那麼賺再多錢也不會變得更富有。事實上，更多錢使大多數人變得更窮，因為他們每當被加薪都會出去購物，並陷入更龐大的債務之中。

誰比較聰明，你還是你的銀行？

大部分人都沒有準備個人財務報表的習慣。最多是盡力平衡每月的收支。因此，要祝賀自己，你現在已經領先大多同事了，因為你已完成財務報表，並為自己設定了目標。作為自己事業的CEO，要學會比大多數人更聰明。

大多數人會說「兩本帳」是非法的，但在某些情況下，這是正確的。並

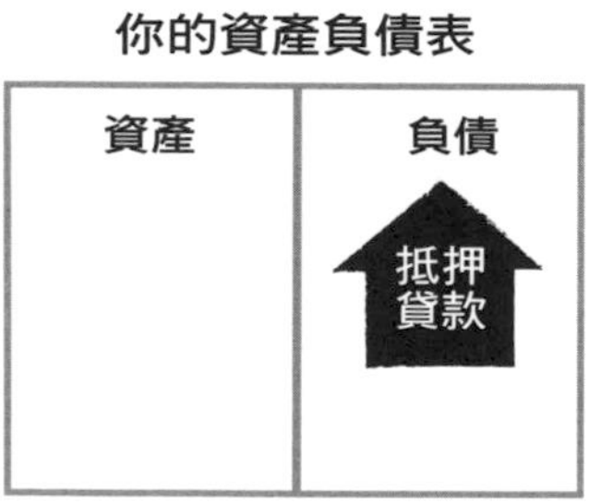

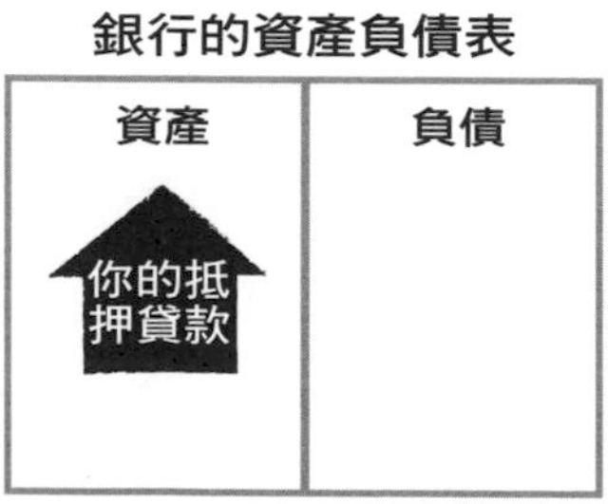

且，在現實中，如果你想真正了解財務世界，就必須有兩本帳。一旦你認知到這一點，你將變得和銀行一樣聰明，甚至可能比他們更聰明。右圖是一個合法的「兩本帳」例子，「兩本帳」指的是「你的」和「你的銀行」的帳本。

作為自己人生的CEO，你應該記住富爸爸經常說的那些話和圖示：「你擁有的每一項負債，正是其他人的資產。」並且他會畫出右頁這個簡單的圖示。

對於每一項負債，如抵押貸款、汽車貸款、學校貸款，和信用卡，你都是債權人的雇工，努力工作正在使他們變得更富有。

富爸爸經常警告我小心好債務和壞債務。他說：「每當你欠了某個人錢時，你就成為他的員工。如果你借了一筆三十年的貸款，那麼你就得做三十年的員工，並且在債務結束時，他們不會給你一支紀念金錶。」

富爸爸也借錢，但是他盡最大努力不成為償還貸款的那個人。他常對我們說，好債務就是由別人替你支付債務，壞債務就是你用自己的血汗錢支付。因此他喜歡可供租用的資產，他也鼓勵我去購買可供出租的資產，因為「銀行給你貸款，但是房客會替你償還。」

兩本帳的概念

兩本帳不僅適用於資產和負債，而且也適用於收入和支出。富爸爸幫我上的辭彙課是這樣說的：「對於每一項負債來說，一定有一項資產，但是它們不在同一財務報表中出現；對於每一項支出，也都必然有收入存在，但它們也不出現在同一財務報表中。」

下面的簡單圖示會使這段話更清晰。

這就是富爸爸強調現金流管理和基本財務知識重要性的原因。富爸爸經常說：「不能控制現金流的人，為能控制的人工作。」

財務快車道與老鼠賽跑

「兩本帳」的概念能被用來解釋財務快車道和老鼠賽跑的概念。有很多不同類型的財務快車道，左頁的圖是債權人和債務人之間最常見的一種。

這張圖已經被大大簡化，但是，如果你花時間研究它，

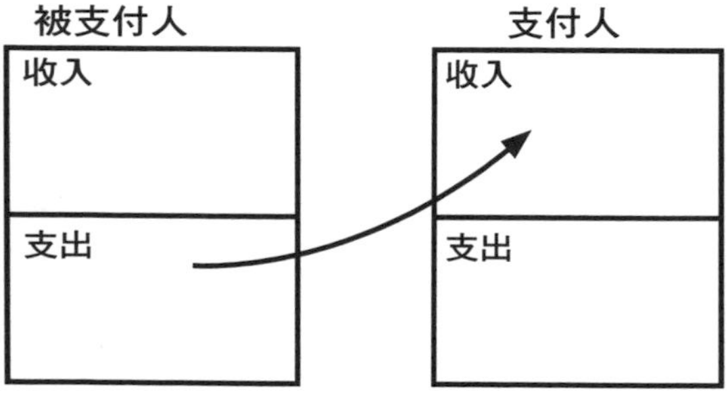

大腦會看見大多數人用眼睛看不見的東西。研究這張圖，你將看見富人和窮人、所有者和無產者、債權人和債務人，以及創造工作者和尋找工作者之間的關係。

這就是快速的財務途徑，你已經在路上了。

在這種情況下，債權人會說：「由於你的良好信譽，我們願意為你提供帳單合併貸款。」或者「你願意開一個信用帳戶，以防未來需要一些額外的錢時使用嗎？」

看出差異了嗎？

兩本帳之間的貨幣流動路徑，就

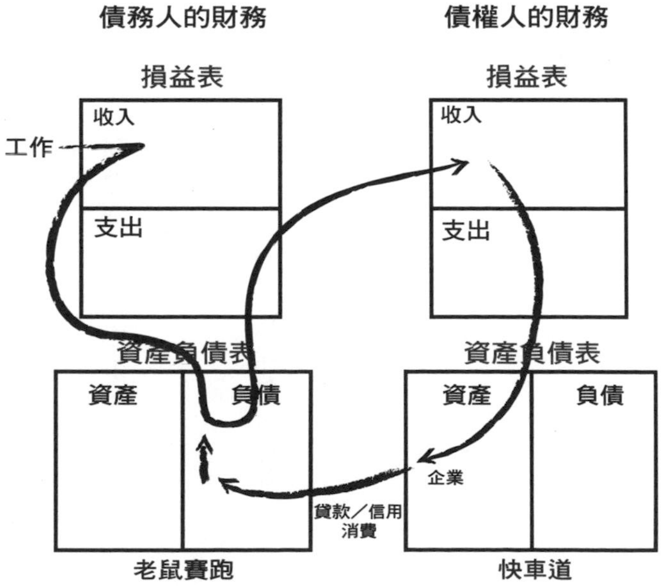

是富爸爸所說的財務快車道，也是財務生活中的老鼠賽跑。一者存在，另一者也必然存在。因此，我們至少擁有兩個財務報表。問題是，哪一個報表是你的？哪一個是你想擁有的？

富爸爸經常告訴我「如果現金流管理是問題所在，那麼賺再多錢也不能解決問題」，以及「了解財務力量的人，能控制那些不了解的人」。

因此，尋找財務快車道的第二步是控制現金流。

你需要坐下來，訂出計畫，以便控制消費習慣，將債務和負債最小化。在你試圖增加收入之前，應量入為出。

採取行動

1. 複習上一章請你做的財務報表。

2. 確定現在的收入來自現金流象限的哪一個象限。

3. 確定你希望五年後的大部分收入來自哪個象限。

4. 開始現金流管理計畫：

(1)首先支付自己。

從每份薪水或其他來源的每份收入中拿出固定份額，把這筆錢存在投資儲蓄帳戶中。一旦錢被存入這個帳戶，就永遠不要取出，直到準備用它投資為止。恭喜你！你已經開始管理現金流了。

(2)集中精力減少個人債務。

下面是一些簡單且能用於減少和消除個人債務的提示。

提示一：如果你有多張信用卡，那麼只留下一到兩張，其他全部註銷。現在擁有的這一到兩張信用卡如有任何新負債都必須在每月底消除。不要再介入任何長期債務。

提示二：每月多賺一百五十到二百美元。你現在已經變得越來越有財務知識，因此應該比較容易做到。如果不能創造出額外的一百五十到二百美元收入，那麼實現財務自由可能只是一個幻想。

提示三：用這額外的一百五十到二百美元支付其中一張信用卡的每月卡費，現在你支付的金額是最低應繳金額加上這一百五十到二百美元。其他信用卡則只支付最低應繳金額。人們經常試著每個月都多支付每張信用卡的卡費，卻意外地永遠都無法還清。

提示四：一旦還清第一張信用卡，就用原來償還這張信用卡的錢去償還另一張。現在支付額是第二張信用卡的最低應繳全額，加上以前每月支付給第一張信用卡的總金額。

繼續這個過程，去還清所有信用卡和其他消費信貸。每付清一筆債務時，就把原先用來支付這筆債務的全部金額用在下一筆債務的償還上。你會發現，當你還清債務後，你正在支付的下一筆債務的月清償金額將會增加。

提示五：一旦還清所有信用卡和其他消費貸款，請繼續對汽車和住房支付實施這個過程。如果遵循這個過程，你將驚奇地發現，你用更短時間清償了所有的債務。大多數人能在五到七年內還清全部債務。

提示六：你現在沒有任何債務了，因此把用在支付最後一筆債務的月金額用於投資建立資產專案。

看！就是如此簡單。

第十三章

第三步：了解風險和有風險之間的區別

創業和投資的風險不算很高，缺乏相關知識才會有巨大的風險。

什麼是正確的現金流管理？

正確的現金流管理是基於對資產和負債兩者間的認識。

下圖顯示出一位年齡四十五歲的人是怎樣正確管理現金流。

我用四十五歲舉例，是因為這個年齡正處於二十五歲（大部分人開始工作的年齡）

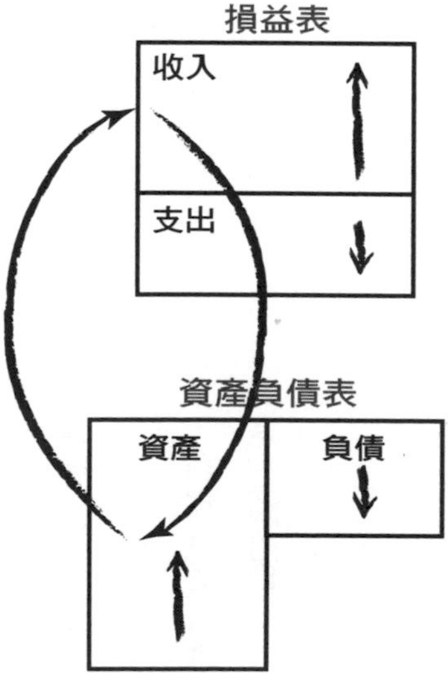

到六十五歲（大部分人計畫退休的年齡）之間。

到四十五歲時，如果已經正確管理自己的現金流，那麼資產將會比負債多。

這是承擔風險但卻不是太多風險的人的財務狀況。

他們也是人口總數中的前一〇%。但如果像人口中的另外九〇%那樣，對現金流管理不善，不知道資產和負債之間的區別，那麼，在四十五歲時，財務狀況將是左圖這樣。

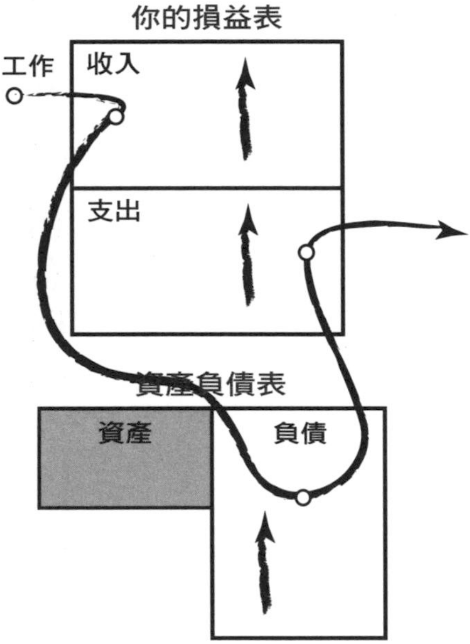

這些人常說：「投資有風險。」對於他們來說，這句話是正確的。但不是因為投資有風險，而是缺少正規的財務訓練和財務知識，才會帶給他們風險。

你有比你的錢聰明嗎？

在《富爸爸，窮爸爸》一書，我講述了富爸爸如何要求我具備財務知識。財務知識不僅能使你用眼睛觀察，而且還能使你用經過訓練的大腦觀察現金流動路徑。富爸爸經常說：「現金流的方向就是一切。」

因此，一棟房子究竟是資產還是負債，要依賴現金流的方向。如果現金流進你的口袋，那麼它就是資產；如果現金流出口袋，它就是負債。

富爸爸對財務智商有很多定義，例如把現金或勞動轉化為能帶來現金流資產的能力。但是他最喜歡的定義之一是：誰比較聰明？你還是你的錢？

富爸爸認為，花費一生努力為錢工作、得到錢後立即轉手花掉的做法並不明智。你可以回顧一下第十章講到的窮人、中產階級和富人的現金流形式，你可能還記得，富人集中努力於獲得資產，而不是更努力工作。

由於缺少財務ＩＱ，很多有知識的人將自己推到高財務風險的位置上去。我的富爸爸稱之為「財務紅線」，即指每月收入和支出幾乎相等。這些人不顧一切尋找工作保障，當經濟變動時，他們不能應對，並經常因壓力和焦慮損害健康。這些人經常說：「商業和投資充滿風險。」

我還是要說：商業和投資沒有風險，沒有知識才有風險。同樣地，被誤導是有風險的，依賴於穩定安全的工作將是這類人要冒的最大風險；購買資產沒有風險，購買被告知是資產的負債就有風險；考慮自己的事業沒有風險，考慮其他人的事業並為之支付就有風險。

因此，第三步驟就是要知道風險和有風險之間的區別。

採取行動

1. 用你的話定義風險。

(1) 依賴薪水對你有風險嗎？
(2) 每月支付的債務對你有風險嗎？
(3) 擁有每月產生現金流並使之流入口袋中的資產對你有風險嗎？
(4) 花時間學習財務知識對你有風險嗎？

(5)花時間學習不同類型的投資對你有風險嗎？

2.每週花五小時的時間，做下列事情中的一件或更多件：

(1)讀報上的商業版和《華爾街日報》。

(2)聽關於投資和財務知識的語音教學。

(3)讀金融雜誌和通訊。

(4)玩「現金流」遊戲，去參訪附近的現金流俱樂部。

(5)參加投資和財務智商的教育研討會

(6)考慮請一位教練來幫助你走通往財務自由的過程。

第十四章
第四步：決定你想成為哪種類型的投資者

從小處著手，並且學習如何解決問題。

你曾經想過為什麼有些投資人能賺到很多錢，但風險卻很小嗎？大多數人在財務困境中掙扎是因為他們迴避財務問題。富爸爸告訴我最大祕訣之一是：「如果你想迅速獲得巨大的財富，就要勇於承擔巨大的財務問題。」

本書的第一部討論了投資者的五個等級。現在，我想採用另一種分類方法，將投資者分為三種類型。

類型A：尋找問題的投資者。

類型B：尋找答案的投資者。

類型C：尋找「專家」告訴他們怎麼做的投資者。

C型投資者變有錢的機率跟中樂透一樣

C型投資者就是財務上沒有受過教育，想找人告訴他們應該投資什麼。一些在E和S象限的人因為退休金方案改變，被強迫參與投資遊戲。

他們對教育自己成為更好的投資者沒什麼興趣。他們什麼也不懂，只能仰賴那些所謂專家的建議。

C型投資者能變有錢人的機會是多少？大概跟中樂透的機率差不多吧。

B型投資者找的是答案不是知識

B型投資者通常問這樣的問題：「你建議我進行哪種投資？」、「你認為我應該買不動產嗎？」、「哪支共同基金更適合我？」、「我與經紀人談過了，他建議我要多樣化。」、「我的父母給了我一些股票，我應該賣了它們嗎？」

B型投資者會立即約見幾位銀行理專，選擇一種投資並開始接受建議。如果銀行理專很優秀，他們能夠提供非常好的技術支援，並且通常能幫助你建立一生的財務活動計畫。B型投資者應該找那些言行一致的理專，並且遠離只想賣你投資建議，並從中賺佣金和手續費的人。

有趣的是，我經常發現許多高收入的「E」和「S」落進B類投資者當中，因為他們幾乎沒有時間尋找投資機會。由於他們非常繁忙，沒時間學習象限右側的知識，因此，他們尋找答案而不是知識。這組人經常購買A類型投資者所說的「零售投資」，這種投資被捆在一起，以低價賣給大眾。

A型投資者尋找問題

A型投資者尋找問題，他們尤其尋找那些處於財務困境中的人所引起的問題。善於解決問題的投資者期望他們的貨幣能帶來二十五%到無限大的回報，他們是典型的第五級投資者，有雄厚的金融基礎。他們擁有成功企業主和投資者的必要技能，並且用這些技能解決沒有這些技能的人所引起的問題。

例如，我第一次開始投資時，尋找的都是被法拍的小型樓房和住宅。我用一萬八千美元解決了那些沒有管理好自己的現金流並用光錢的投資者所引起的問題。

幾年以後，我仍然在尋找問題，但這次數額更大了。又過了三年，我獲得一家價值三千萬美元的祕魯採礦公司，雖然問題和位數變大，但過程是相同的。

如何轉入財富快車道

我的建議是，從小規模開始並學會解決問題。當你變得更善於解決問題時，最後將獲得巨大的財富。

對於那些想更快獲得資產的人，我再次強調先學會B和I象限中技能的必要性。我建議先學會如何建立一家企業，因為企業提供至關重要的教育過程，能改善個人技能，並弱化市場波動的影響，以及提供自由支配的時間。正是來自企業的現金流為我帶來自由時間，使我能開始尋找有待解決的金融問題或是金融機會。

你能同時成為這三種類型的投資者嗎？

事實上，我同時作為這三種類型的投資者。對於共同基金，我是C型投資者。當人們問我「你推薦哪種共同基金」時，我回答說：「我什麼都不知道。」

作為B型投資者，我尋求解決金融問題的專業解答，我向財富管理專家、股票經紀人、銀行家和不動產經紀人尋求答案。如果這些專業人員有能力，他們就能為我提供豐富的資訊，而這些是我個人沒有時間獲得的。況且他們是如此接近市場，並且，我相信他們最能緊緊追隨法律和市場的變化。

我的財富管理專家給我的建議是無價的，就是因為她對信託、遺產和保險的理解遠勝於我。每個人都應該有一個計畫，這也是財富管理專家存在的原因。有比簡單買賣更重要的東西需要我們投資。

我還把錢交給別的投資者，請他們替我投資。也就是說，我跟其他第四級與第五級的投資者合夥投資。他們是我認識並信任的人。如果他們選擇投資於某一項我不了解的領域，如低收入住宅或大樓，我就把錢交給他們，因為我知道他們擅長自己做的事，並且我相信他們的知識。

為何你該早點開始？

我建議大家要迅速找到財務快車道，並認真對待賺錢這件事的主要原因是：在美國以及世界大部分地區，有兩套規則，一套是為富人設定的，一套是為其他人設定的。很多法律是針對那些陷入「老鼠賽跑」中的人制定的。在我最熟悉的商業和投資領域中，我發現中產階級幾乎不知道他們的稅收被用於何處，這是多麼令人震驚的事情。雖然稅收被用在很多有價值的事上，但許多較高額的稅收減免、獎金和支付有利於富人，而中產階級卻在為此付款。

例如在美國，低收入住宅是個很大的問題，當然也是棘手的政治問題。為了解決該問題，各城市、州和聯邦政府提供大量的稅收信貸、稅收減免和補貼租金給那些提供融資和修建低收入住宅的人。只要懂法律，融資者和建築商就可以透過讓納稅人，從低收入住房投資中獲得補貼的方式變得更富有。

如果覺得不公平，你只能改變自己

因此，現金流象限左側的大部分人不僅要支付更多個人所得稅，而且通常不能參與有稅收好處的投資。這也許是富者更富這種說法的原由之一。

我知道這不公平。我遇過一些人抗議並寫信給報紙編輯，一些人試圖透過參加政府競選改變這個系統。但我認為，關注自己的事業、控制你的現金流、找到屬於自己的財務快車道並變得富裕才是更簡單的做法。改變自己比改變政治系統更容易。

多年前，富爸爸鼓勵我學習成為企業主和投資者所需的技能。他還說：「參與實踐並解決問題。」

這些年來，我所做的事就是解決企業和投資問題。有些人更喜歡稱之為挑戰，然而我喜歡稱之為問題，因為大多數情況下，這才是它的真正含義。

我認為，人們喜歡用「挑戰」這個詞甚於「問題」，是因為他們認為挑戰比問題更積極。然而，對我而言，問題這個詞有非常積極的含義，因為我知道在每個問題中都存在著機會，而機會是投資者追求的東西。我追尋每一個金融或商業問題，而不考慮是否能解決它，最後我總能學到一些東西，包括一些關於金融、行銷、人員或者法律方面的新知識。我通常會在追尋和解決問題的過程中，主動認識一些新朋友，在一些專案上，他們是無價的資產。當中很多人成為我終生的朋友，這是一份無價的額外禮物。

找到你的財務快車道

因此，對於那些想找到自己財務快車道的人而言，請開始：

1. 關注自己的事業。
2. 控制現金流。
3. 了解風險和有風險之間的區別。
4. 了解A、B、C三種類型投資者之間的區別，並選擇同時做這三種類型的投資者。

想到達快車道，就要成為擅於解決某類問題的專家。不要像純B型的投資者被建議的那樣分散化。成為解決一種類型問題的專家，人們就會帶著錢來，讓你投資。如果你能幹且值得信任，將能很快進入你的財務快車道。這裡有一些例子：

比爾．蓋茲是解決軟體市場問題的專家，他是如此善於此道，以至聯邦政府都追著他跑。唐納．川普是解決不動產問題的專家。華倫．巴菲特是解決企業和股市問題的專家，反過來，企業和股市就讓他購買有價值的股票和管理成功的資產組合。喬治．索羅斯是解決市場動盪問題的專家，這使他成為優秀的對沖基金經理。魯柏特．梅鐸是解決全球電視網路的商業問題專家。

金和我在公寓住宅的領域是A型投資者，我們能解決公寓住宅的很多問題，這帶給我們很多穩定的現金流和被動收入。但若我們想投資多戶連棟住宅，那麼我只做B類型的投資者，這意味著我們要把錢交給那些在專業領域中有良好紀錄的人。我的中心目標是關注自己的事業。雖然妻子和我確實為慈善機構工作，並且幫助他人獲得成功，但是我們從來沒有忘記關注的事業和不斷增加資產專案的重要性。

因此，想更快實現富裕，就要學習作為企業主和投資者所需要的技能，尋找並解決更大的問題。因為在大問題當中有巨大的金融機會。因此，我建議先成為「B」，再成為「I」。如果你是解決企業問題的大師，那麼你將獲得額外的現金流，而企業知識也會使你成為一名聰明的投資者。我在前面已經提過多次，但仍然值得再說一次：很多人進入I象限，是希望投資能解決他們的財務問題，大多數情況下，這不可能。如果他們還不是成功的企業主，投資只會使財務問題更糟糕。

世界上絕不缺少隱含著巨大機會的財務問題，事實上，有個問題正在你前方，等待著被解決。

採取行動

1. 獲得投資知識

我建議，你在成為第五級投資者之前，先從第四級的投資者開始。從小規模開始並繼續教育自己。

每星期做下列事情中的至少兩件：

⑴參加財務研討班和學習班。我把很多成功歸因於年輕時上的一門不動產課程，這門課我花了三百八十五美元。因為我採取了行動，多年過去後，這門課讓我賺了幾百萬美元。

(2)在你所居地區尋找待售不動產。每星期拜訪三到四件，並讓銷售人員告訴你有關這項資產的情況。問他們這些問題：這是一項資產投資嗎？或是：它有出租嗎？現在的租金是多少？空房率是多少？該地區的平均租金是多少？維修成本是多少？有定期維修嗎？房主會融資嗎？能獲得什麼類型的融資條件？

練習計算每項資產的月現金流量情況，讓資產代理人檢查一遍，看看你忘記哪些內容。每項財產都是獨特的商業系統，並應該被視為是個人的商業系統。

(3)會見幾位股票經紀人，並傾聽他們推薦的、可以購買的公司股票，然後調查這些公司，並考慮開戶投資。

(4)訂閱投資通訊，並加以研究。

(5)繼續閱讀，參加研討會，看電視金融節目，玩「現金流」遊戲。

2. 獲得企業知識

(1)會見一些企業經紀人，了解你所在的地區有哪些企業正在出售。你會很驚訝地發現，僅透過問問題和傾聽就可以學會那麼多術語。

(2)參加直銷研討班，學習它的企業系統知識（我建議研究至少三家不同的直銷公司）。

(3)參加當地的商業年會和貿易博覽會，查明能加入哪些特許經營系統或企業系統。

(4)訂閱商業報紙和雜誌。

第十五章
第五步：尋找導師

會告訴你事情的輕重緩急的才是良師。

導師告訴我們什麼是重要的

我那有學問但貧窮的爸爸認為擁有高薪工作很重要，購買夢想的房屋也很重要，他還相信先支付帳單和量入為出的說法。

我的富爸爸則告訴我要集中精力於被動收入，並花時間獲得能為我帶來被動收入或長期剩餘收入的資產。他不相信量入為出的說法，他經常對我們說：「不要量入為出，要集中精力擴張你的財力。」

為了做到這一點，他建議我集中精力建立資產項目，增加來自資本利得和股息的被

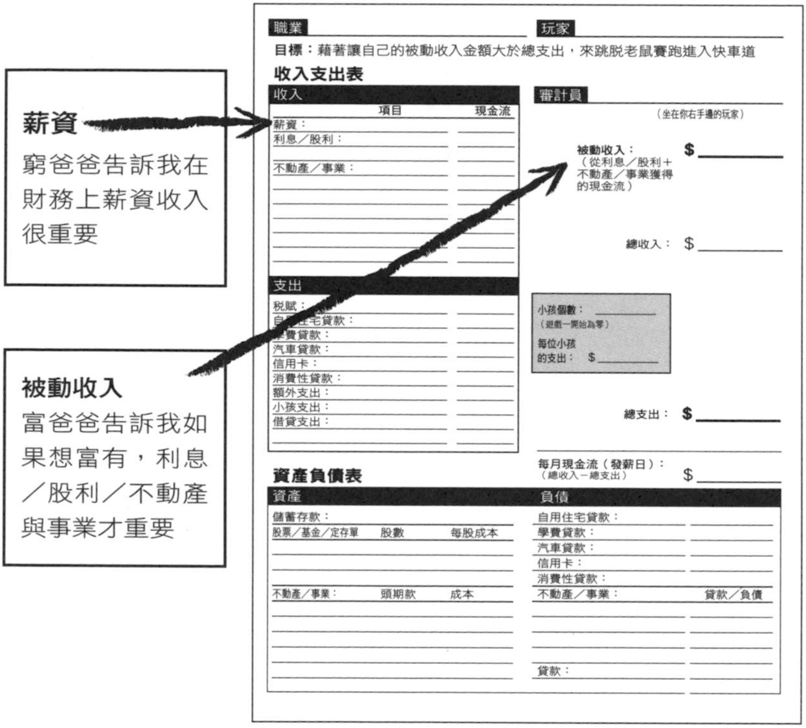
薪資
窮爸爸告訴我在財務上薪資收入很重要
被動收入
富爸爸告訴我如果想富有，利息／股利／不動產與事業才重要
職業
玩家
目標：藉著讓自己的被動收入金額大於總支出，來跳脫老鼠賽跑進入快車道
收入支出表
收入
項目
現金流
薪資：
利息／股利：
不動產／事業：
審計員
（坐在你右手邊的玩家）
被動收入：
（從利息／股利＋不動產／事業獲得的現金流）
$
總收入：
$
支出
稅賦：
自用住宅貸款：
學費貸款：
汽車貸款：
信用卡：
消費性貸款：
額外支出：
小孩支出：
借貸支出：
小孩個數：
（遊戲一開始為零）
每位小孩的支出：
$
總支出：
$
每月現金流（發薪日）：
（總收入－總支出）
$
資產負債表
資產
儲蓄存款：
股票／基金／定存單
股數
每股成本
不動產／事業：
頭期款
成本
負債
自用住宅貸款：
學費貸款：
汽車貸款：
信用卡：
消費性貸款：
不動產／事業：
貸款／負債
貸款：

動收入，增加來自企業附加收入以及不動產的租金收入和專利權使用費。

兩位爸爸都是我成長過程中的導師，雖然我選擇聽從富爸爸的財務建議，但這並沒有削弱我有學問但貧窮爸爸對我的影響。如果沒有這兩個人對我的深刻影響，就沒有今天的我。

負面的榜樣

正如導師是優秀的榜樣一樣，有些人則是反面的榜樣。在大多數情況下，我們都有這兩種榜樣。

例如，我有一位朋友，他一生中賺到八億多美元。現在，他卻破產了。其他朋友問我為什麼繼續跟他交往，我對這個問題的回答是：因為他既是優秀的榜樣，也是反面的榜樣，我能同時向兩個榜樣學習。一位教我該如何做，同時另一位教我什麼不該做。

我的兩個爸爸都是高尚的人，但談及金錢時，他們的觀點完全不同。例如，他們對「愛財是萬惡之源」這句話的解釋就不同。

有學問但貧窮的爸爸認為任何想得到更多錢或者改變財務狀況的願望都是錯誤的。

相反地，我的富爸爸對這句話的解釋就不一樣，他認為誘惑、貪婪，和在財務上的無知才是錯誤的。

換句話說，富爸爸不認為金錢本身是罪惡。但他的確認為終其一生像奴隸一樣為錢工作是罪惡的，成為個人債務的金錢奴隸也是罪惡的。

富爸爸經常把宗教戒律轉換到財務訓導中，我願意與讀者共同分享其中一條。

誘惑的力量

富爸爸認為，那些努力工作、長期負債並量入為出的人，對於他們的孩子來說，是糟糕的示範。在富爸爸眼裡，他們不僅是糟糕的示範，而且他認為處在債務中的人經不起誘惑並貪婪。

他經常會畫右邊的圖示，並且指著負債項說：「不要把我們引入誘惑中。」

富爸爸認為，很多財務問題來自於欲望。在信用卡產生的

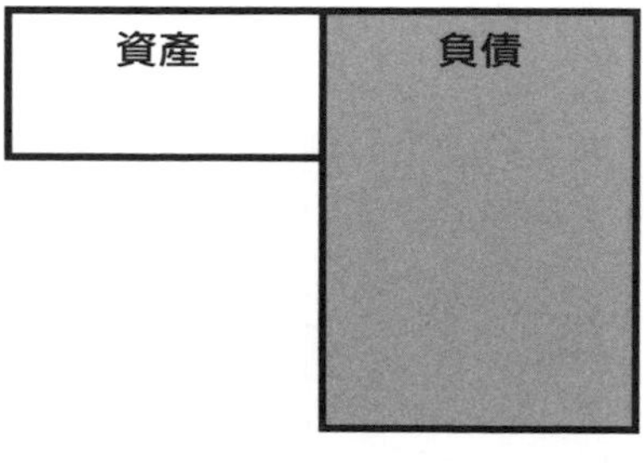

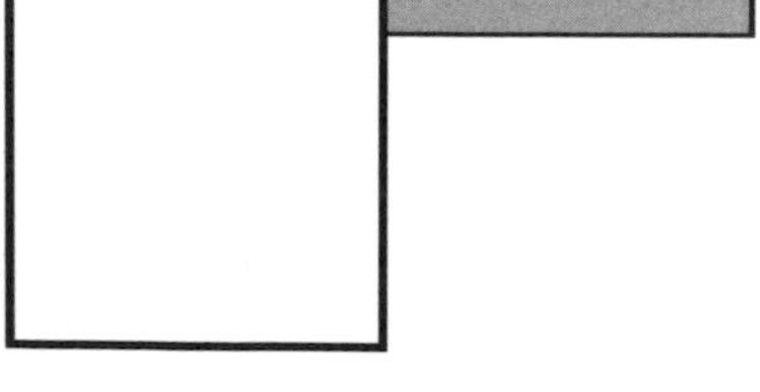

時代，他預見將有很多人陷入債務負擔中，並且債務最後將控制他們的生活。我們看到人們因房子、家具、衣服、度假和汽車而陷入鉅額的個人債務，原因是他們缺少對人類情感——誘惑的控制。今天，大家努力工作，購買自認為是資產的東西，但是花錢習慣永遠不會讓我們獲得真正的資產。

這時，他會指著左圖的資產項目說：「讓我們遠離罪惡。」這就是富爸爸所說的延遲性享樂（情緒智商的一個標誌）、關注自己的企業並建立資產專案。這些做法會幫助你避免誘惑、防止缺少財務知識和糟糕的財務示範影響所引起的精神墮落。

對於那些正在尋找快車道的人，我只能提醒你小心每天所接觸的人。問問自己：他們是好的榜樣嗎？如果不是，我建議你有意識地尋找那些與你前進方向相同並位於你前方的人，花更多時間與他們在一起。

如果你不能在工作時間找到他們，那麼可以在投資俱樂部、直銷團體和其他企業協會中發現他們。

找已經成功的人當作導師

聰明選擇你的導師，慎重決定從什麼人那裡得到建議。如果你想去某個地方，最好找一位已經去過的人。

例如，如果你決定明年攀登珠穆朗瑪峰，你得徵求某位以前已經登過這座山峰的人的意見。但是，對於攀登財務山峰，大多數人往往會徵求某個也處在財務困境中的人的建議，這就是人們的悲哀所在。

尋找「B」和「I」做導師的困難在於大多數給出關於這兩個象限和金錢問題建議的人事實上來自象限的「E」和「S」這邊。

富爸爸一直鼓勵我要有一位教練或導師。他經常說：「職業運動員有教練，業餘愛好者沒有教練。」

例如，我打高爾夫球，但是我沒有專業教練，這可能是因為我付錢打高爾夫球，而不是被付錢去打高爾夫球。然而，涉及到企業和投資遊戲，我確實有教練，而且有幾個。為什麼呢？因為我被付錢去參加這些遊戲。

因此，聰明地選擇導師，這是你能做到最重要的事情之一。

採取行動

1. 尋找導師。找出既在投資領域又在企業領域中有可能成為你的導師的人。

(1) 找出榜樣，向他們學習。

(2) 找出負面的示範，從中學習。

2. 你來往的人就是你的未來。寫下六位與你相處時間最多的人，你所有的孩子計做一人。記住，限制條款是你為之花最多時間的人，而不是關係遠近。在你寫下前別偷看後面的文章。

許多年前在一個研討會上，老師讓我們做同樣的事情，我寫下六個人的名字。這時他讓我們看我們寫下的這些名字，並說：「你們在看你們的未來，你為之花最多時間的這六個人就是你的未來。」

你花最多時間相處的這六個人不一定是你的私人朋友，也可能是你的同事、配偶和孩子，或者是教堂或慈善機構的成員。我的名單有同事、企業合夥人和橄欖球隊員。這個名單非常有提示性，我開始看到表面下隱藏的東西。我獲得了對自己的認識，了解我喜歡什麼和不喜歡什麼。

老師讓我們在教室裡走動，和其他人討論我們的名單。過了一會兒，這個練習的意義更加明顯了。我與其他人討論我的名單愈多，我傾聽他們的談論愈多，我就愈了解我需要做哪些改變。這次練習和我來往的人沒有多少關係，但它對我將去向何方和我將對我的生活做出什麼決定有關。

現在，和我相處時間最多的只有一人仍留在名單。其他五人仍是我的好朋友，只是很少見面。他們是很不錯的人，並且對他們的生活感到滿意。我的改變只與我有關，我想改變我的未來，想成功地改變我的未來，我必須改變我的思想，並且因此改變與我交往的人們。

3.現在你已經列出六個人的名單，下一步是：在每個人的名字後面列出他們所處的象限。

他們是「E」、「S」、「B」還是「I」呢?提示：象限反映了一個人的主要收入的來源。如果他們現在失業或者退休，列出他們過去賺錢時所在的象限。如果是年輕的孩子和學生則不用填，可以空白。

注意，一個人可能有多於一種的職位。例如，我會在我的妻子金的名字後面寫上「B」和「I」，因為她的收入中，有一半來自「B」，另一半來自「I」。

因此，我把金列在我的名單的第一位，因為她與我一起度過了幾乎所有的時間。

名字和象限（可複選）

(1)金．清崎，B＆I　(2)

(3)　(4)

(5)　(6)

4.這一步是列出每個人所處的投資者等級。請參考第五章中投資者的五個等級。我太太是第五級投資者。如果你不知道一個人的投資者等級，請盡最大努力運用你的知識猜測。標有象限和投資者等級的名單將是全面的。

從那些做這種練習的人身上，我看到複雜的感情。有些人生氣了。我聽到：「你怎麼能讓我把我身邊的人分類呢？」因此，如果這種練習引起你任何情感上的不安，請接受我的道歉。這種練習的目的不是使人不安，這只是用來看清一個人生活的練習。它對於一些人有用，但不是對每個人都有用。

很多年前，當我做這種練習的時候，我認識到我很小心並有所隱藏。我把我所處的位置和一同工作生活的人當成我在生活中沒有取得進步的藉口。尤其我經常爭吵的兩人，我責備他們使公司倒退。我的日常工作是發現他們的錯誤，向他們指出錯誤，然後用我們公司的問題責怪他們。

完成這個練習後，我認識到，我總是爭吵的那兩個人對他們所處的位置很滿意。我才是想要做出改變的人，但是我所做的卻不是改變自己，而是強迫他們改變。做完這個練習後，我理解我正在把我的個人期望強加在他們身上，我想讓他們做我不想做的事情，我還認為他們應該需要這樣的改變，並且擁有和我一樣的東西。這不是一種健康的關係。一旦我理解發生了什麼，我就能夠採取步驟改變自己。

名字、象限和投資等級

(1) 金．清崎，B&I，等級5　(2)

(3)　(4)

(5)　(6)

5. 看一下現金流象限，把這些與你共度時光的人的名

字縮寫填在適合的象限中。這時，把你的名字縮寫填在你現在所處的象限中，然後把你的名字縮寫填在你未來想要去的象限中。如果你與這六個人中的大部分人在同一個象限中，那麼情況是你是一個幸福的人，你被思想相似的人所包圍。如果他們不是，那麼你也許該在生活中做些改變。

第十六章
第六步：將失望轉化成力量

每次的失望都藏有無價的智慧。

當我離開海軍陸戰隊時，富爸爸建議我找一份推銷的工作。他知道我很害羞，學習推銷是世界上我最不想做的一件事。

開始的兩年，我是公司裡表現最差的推銷員，甚至無法把人壽保險賣給一個正在溺水的人。我的羞怯令人痛苦，不僅對我來說，對被推銷的顧客也同樣痛苦。兩年來，我不斷被公司試用和解除試用，這意味著我始終處在被解雇的邊緣。

我通常把失敗歸罪於經濟環境或者正在推銷的產品，甚至顧客。富爸爸對此有另一種看法，他會說：「當人們懦弱時，他們喜歡責備。」

也就是說，由失望引起的情感痛苦是如此強烈，以至於有這種痛苦的人想透過責備把痛苦轉嫁給別人。為了學會推銷，我不得不面對失望的痛苦。在學習推銷的過程中，我得到一個非常寶貴的教訓：把失望轉化成資產，而不是負債。

每當我遇到一些人，他們害怕嘗試新東西時，我發現大多數情況是因為他們害怕失望。他們害怕犯錯，或是怕被拒絕。如果你準備好開始尋找自己的財務快車道，我將對你說我學習新事物時，富爸爸給我的建議和鼓勵：「準備好失望。」

他說這是一種積極的態度，而不是一種消極的態度。他的理由是，如果你準備好失望，你就有可能把失望變成資產。但大多數人把失望變成一項長期負債。當你聽到人們說「我再也不做了」或者「我應該知道我會失敗」時，你就知道又產生一項長期負債。

就像每個問題都隱藏著機會一樣，每次失望都蘊藏著無價的智慧結晶。

每當我聽見人們說「我再不會做這種事」時，我知道我在聽一個已經停止學習的人說話。他們讓失望阻止自己，失望已經變成矗立在周圍的一面牆，而不是使他們長高的基石。

富爸爸教我如何處理情感上的失望。他經常說：「世界上靠自我奮鬥致富的人只有少少幾位，這是因為很少人能忍受失望。大多數人不是學會面對失望，而是終其一生地逃避。」

他還說：「不要逃避失望，而要面對它。失望是學習過程的一個重要部分。正如我們從自己的錯誤中學到東西一樣，我們在失望中證實自己。」以下是他多年來給我的一些建議：

1. 期待失望。富爸爸經常說：「只有傻瓜才期望事情像他們想的那樣進行。期待失望不是意味消極或被擊敗，期待失望是在智力和情感上的準備，使你能面對意外。」透過在情感上做好準備，即使事情沒有按照你希望的那樣進行，也能平靜而高貴的對待它；如果你保持平靜，就能思考。

我遇過很多有偉大企業理想的人，他們的興奮能持續一個月左右，然後失望開始使他們精疲力竭。很快，他們的興奮消失了，而你所能聽到的話語就是：「這是個好主意，但是它發揮不了作用。」

不是這個想法沒作用，而是失望發揮的作用更大。他們讓急躁轉化成失望，然後又讓失望擊敗自己。很多情況下，急躁是因為他們沒有收到即刻的回報所引起。企業主和投資者可能要等幾年的時間才能看到企業和投資產生現金流，但是憑藉知識，他們知道成功需要時間。並且還清楚知道，當獲得成功時，財務回報將非常可觀。

2. 有導師幫忙。在你的通訊錄上方，列著醫院、消防隊和警察局的電話號碼。我也有同樣的電話號碼紀錄，但卻是以備財務緊急情況發生時可以撥打的導師們的電話號碼。

通常，在我進行一筆交易或風險投資前，我會打電話給一位朋友，告訴他我想做什麼和想完成什麼。當我發現自己不能解決某個問題時，我就會尋求他們的幫助。

有一次，我試圖購買一項高額不動產。賣主很難對付，在談判臨近結束時又更改了條件。他知道我想得到這份資產，因此他試圖在最後時刻從我這裡得到更多錢。由於生性急躁，我的情緒失去控制。但我沒有像平常那樣大喊大叫的取消交易，而是簡單詢問是否能用電話找合夥人談一下。

在和三位朋友交談並得到關於如何處理這種局勢的建議後，我冷靜下來，學會了三種以前不知道的談判技巧。這筆交易最後沒有談成，但今天我仍然在使用這三種技巧。如果我不參加這次交易，將永遠也學不到這些。知識是無價的。

關鍵是，我們不可能事先知道每一件事情，經常是在需要學習時才學。因此我建議大家在嘗試新事物時同時期待失望，但要有導師在身邊用經驗指導你。很多人從來不啟動他們的計畫，就只是因為沒有答案。但你永遠不會有答案，無論如何你都得開始。就像我朋友說的那樣：「很多人要等到所有燈都變綠時才會開車前進，因此他們哪兒也去不了。」

3. 善待自己。對於犯錯、失望或者在某件事上的失敗來說，最痛苦的不是別人怎樣評價你，而是我們自己的態度。大多數人在犯錯時，自責往往遠遠大於別人的攻擊，他們應該為濫用個人情感而到警察局自首。

我發現，那些在理智和情感上對自己很苛刻的人，在承擔風險、接受新思想、嘗試新東西時通常過分謹慎。如果你總為失望而懲罰自己或責備別人，你就很難學到任何新東西。

4. 講述事實。我小時候受到一次最嚴厲的懲罰是：有天我意外打掉了妹妹的一顆門牙，她跑回家向爸爸告狀，我跑出去躲了起來。在爸爸找到我後，他非常生氣。他訓斥我：「我懲罰你並不是因為打掉你妹妹的門牙，而是因為你逃跑。」在財務方面，許多次我都想從錯誤中逃跑。逃跑是很容易的事，但是爸爸的話一直跟隨我多年。

簡而言之，我們都會犯錯。當事情沒有按照我們的方式進行時，都會感到不安和失望。然而，不同之處在於我們如何在內心處理這種失望。富爸爸總結道：「成功的大小是用渴望的強烈程度、夢想的大小以及處理失望的方式來衡量的。」

在未來的幾年，我們將經歷一些金融變動，這將檢驗我們的勇氣。就像巴布・狄倫（Bob Dylan）唱的那首歌——「時代正在改變」（The times they are a-changin）。那些可以控制情緒的人、那些不讓情緒阻礙他們前進的人和那些情緒成熟到可以學習新財務技能的人將在未來幾年發光發熱。

未來屬於能隨時代改變而改變並用個人的失望作為磚石修築未來的人。

採取行動

1.犯錯。我建議你從最初級的步驟開始。記住：失敗是成功的一部分。「E」和「S」被告知犯錯是不可接受的，「B」和「I」知道犯錯是他們學習的一種方式。

2.從小規模開始。如果你想參與一項投資，那麼就投一點錢進去。你會發現，當錢用在投資上時，你的智力增長得有多麼快。不要用農場、抵押貸款支付或你的退休金做賭注。只要投入一點錢進去，然後關注它並開始學習。

3.採取行動。這一步的關鍵就是採取行動！閱讀、觀察和傾聽對於教育至關重要，但是你還必須開始「做」。例如，在能產生現金流的小額不動產上投資；加入直銷公司從內部學習；在調查某些公司後，進行股票的投資。

如果有需要，請向你的導師，財務或稅收顧問請益，但得如耐吉廣告說的一樣：「Just Do It!」

第十七章
第七步：信心的力量

決定你是什麼樣的人的唯一關鍵，就是你對自己的看法。

在我上高中時，有一次富爸爸的兒子和我被叫到一群學生前面，這些學生主要由班裡的優秀學生所組成。指導老師對我們說：「你們兩個將一事無成。」

當指導老師繼續說時，我們聽到好學生在竊笑。「從現在起，我不會再在你們兩個身上浪費時間了，我只會把時間花在這些好學生身上。你們兩個是班裡成績最差的小丑，你們將一事無成。現在請你們出去。」

最大的禮物

這位老師給了我們最大的禮物，雖然她說的話在很多方面深深傷害了我們，但是她也激勵我們更加努力打拚。她的話促使我們完成了大學學業，並建立屬於自己的企業。

幾年前，邁克和我回到學校參加高中聚會，這是一件很有趣的事。我們很高興見到那些共同度過三年時光的同學，在那三年裡，沒有人真正知道我們是誰。同時，看到那些當年的優等生們大多數在高中畢業後沒有獲得成功，我們感到很遺憾。

我講這個故事是因為我們不是學習成績優異的孩子。我們既不是金融天才，也不是體育明星，更不是班上的幹部，而是中下等學生。我甚至認為我們不像父親那樣有天賦。然而，正是指導老師那尖酸刻薄的話語和同班同學的竊笑刺激我們刻苦學習，從錯誤中學習，並在好時期和壞時期都保持前進。

因為你在學校裡表現得不好、不受歡迎、數學不好、富有或窮困等使你跟別人不一樣時，應記住：沒有一個缺點會在長期中發揮作用，這些所謂的缺點只是在你認為它們有用時才發生作用。

正考慮進入財務快車道的人有時可能會懷疑自己的能力。我能說的是，相信你已擁有現在去實現財務成功所需的每一件東西。發揮上帝給予你的天賦，也就是欲望、決心以及相信自己擁有獨一無二才能的堅定信念。

思想是一種反射，就像照鏡子

鏡子反射回來的，不只是視覺上的影子，鏡子通常還反射出我們的思想。我們常看到人們照著鏡子說這樣的話：「噢，我看起來很糟糕。」、「我有那麼重嗎？」、「我真的變老了。」或是「哎呀！我長得真英俊！我是上帝賜給女人的禮物。」

就像前面說的，鏡子反射回來的不僅是眼睛所看到的，還反射出我們的思想、自己對自己的看法。這些思想或看法比外表重要得多。

我們都遇過外表很漂亮卻認為自己很醜陋的人或者被別人深愛卻不喜歡自己的人。我們最深邃的思想通常反映出靈魂。思想就是對自己的愛與厭惡、對待自己的方式以及對自己整體看法的一種反映。

不相信錢的人不會有錢

在情緒高漲時，人們通常會說出真心話。

在向一個班級或個人解釋完現金流象限後，我會給他們一段時間，讓大家考慮下一步該做什麼。首先要確定他們正位於哪個象限，這很容易，因為這是大部分收入出自的象限。其次我問他們，如果他們需要變動，想去哪個象限。

這時，他們看著現金流象限並做出選擇。

一些人邊看邊說：「我很滿意我的位置。」

另一些人說：「我對我的位置不滿意，但我現在不想改變或者移動。」

還有些人對自己的位置不滿意，並知道需要立即做些事情。處在這種情況下的人往往會清楚說出他們的真心話。

他們說出對自己的看法，說出反映出靈魂的話語。因此我說：「人在情緒高漲時，會說出自己的真心話。」

在這時，經常聽到的真話有：

「我不能那樣做，我不能離開S進入B。你瘋了嗎？我有妻子還有三個孩子要撫養。」

「我不能那樣做。我不能等五年才拿到另一份薪水。」

「投資？你想讓我賠掉所有的錢是不是？」

「我沒錢投資。」

「在行動之前，我需要更多的資訊。」

「我以前嘗試過，但是沒有用。」
「我不需要知道怎麼讀財務報表。」
「我不用擔心，我還年輕。」
「我不夠聰明。」
「如果我能找到合適的人和我一起做，我願意做。」
「我先生不會喜歡的。」
「我妻子永遠不會理解。」
「我的朋友們會怎麼說？」
「我太老了。」
「我太年輕了。」
「這不值得。」
「我不值得。」

你的話語反映出內心

每個人的真心話都在情緒高漲時被說出口。所有的話都是鏡子，因為這些話反射出人們對自己的看法，雖然他們可能是在談論別人。

對於那些準備從一個象限移到另一個象限的人，我所能給最重要的建議是要非常清楚自己說的話，尤其是明白那些發自內心、肺腑和靈魂的話語。如果你想做出改變，就必須了解由情感產生的思想和話語。如果你不知道何時該思考，就不能完成這個轉變。你將阻礙自己，即使你說的是別人，比如你說「另一半永遠都不會理解」，情況也是如此。你其實你說的是自己，只是用另一半作為藉口，推託你的不行動，或者你其實可能是在說：「我沒有勇氣或溝通技能把這些想法告訴她。」所有話語都是鏡子，使你有機會看到自己的靈魂。

或者，你會說：「我不能不工作去開辦自己的企業，我需要考慮貸款和家庭。」也許你會說：「我累了，不想再做任何事。」又或者會說：「我的確不想再學任何東西。」這些才是你的真心話。

這些是真話，也是謊話

如果你對自己說謊，這個過程永遠也無法完成。因此我的建議是傾聽自己的疑慮、恐懼和被禁錮的思想，然後進一步挖掘出內心更深處的真話。

比方說，「我累了，不想學習新東西」可能是真話，但也許是謊話。真話可能是「如果我不學習新東西，我會更累。」或是「我喜歡學習新東西，我願意學習新東西並再次感到興奮，或許整個世界都將為我打開。」一旦你能說出更深層的真話，就會發現身上有一股力量，它夠強大，能夠幫你改變。

旅程

金和我想前進，首先必須願意接受對自己的評價和批評。我們必須願意接受使自己顯得渺小但不會阻止我們前進的個人思想。偶爾，壓力會達到極點，自我批評會爆發，我會因為自我懷疑而責備她，而她也會因自我懷疑而怪罪我。然而，在開始這趟路程之前，我們都已經知道，我們唯一必須面對的事情，仍舊是自己的個人懷疑、批評和不足。

作為這次旅程中的丈夫和妻子、商業夥伴和精神伴侶，我們真正的工作是不斷提醒彼此：每個人都比自己的個人懷疑、狹隘和不足更強大。在這過程中，我們學會更加信任自己。我們的最後目標不光是變得富裕，而且要學會信任自己。

記住，唯一能決定你對自己的看法的人，就是你自己。因此，這次旅程的收穫，不僅是金錢為你帶來的自由，還是對自己的信任而來的自由，因為它們是同一件事。我給大家最好的建議是：每天準備變得比渺小的你更加強大。我認為，大多數人止步並從夢想中回頭，是因為體內的渺小人物擊敗了更偉大的自我。

雖然你不可能擅長每一件事，但如果你花時間發展技能，世界將會迅速改變。永遠不要逃避學習，直接面對恐懼和懷疑，新的世界將會為你敞開。

採取行動

相信自己，從今天開始！

結論／你的工作是讓自己變得更富有

開始打造屬於自己和家人的現金流管道。

這就是金和我在短短幾年裡從無家可歸變為財務自由所使用的七個步驟。這七個步驟幫助我們找到財務快車道，而且我們今天還在使用。我相信這些步驟能幫助你設計出通往財務自由的路徑。

要做到這一點，我建議大家必須對自己真誠。如果你現在還不是長期投資者，那麼請盡快使自己成為長期投資者。這意味著什麼?坐下來，訂出一個計畫，控制消費習慣，將債務和負債最小化，量入為出並增加你的收入。查明每個月的投資是多少，按實際回報率計算投資幾個月後可實現退休目標，產生現金流並實現財務自由。

制定長期計畫可以減少你的消費信貸，而定期存一部分錢將會為你帶來良好的開端，只要盡早開始，並時刻監督自己的行為。

到這個階段，讓一切簡單化，別耍花招。

我向大家介紹現金流象限、投資者的五個等級和我劃分投資者的三種類型，原因是要使你看到自己是誰、興趣在哪裡，以及最後想成為誰。我相信任何人都能找到通往財務快車道的路徑，無論你來自哪個象限。

記住我說的：「你老闆的工作是給你工作，你的工作是使自己變得富有。」

你打算停止運水，開始建立現金流管道，以便維持自己、家庭和生活了嗎？

關注自己的事業可能很困難，且有時令人困惑，尤其是在剛起步時。無論你知道多少，都有更多東西需要學習，這是一個過程。但可喜的是，這個過程中最艱難的部分是在一開始。一旦做出決定，生活就已經開始變得越來越容易。關注事業並不難，這只是個常識。

高寶書版集團
gobooks.com.tw

RD025

富爸爸，有錢有理【25 週年紀念版】：掌握現金流象限，才能通往財富自由

Rich Dad's Cashflow Quadrant

作　　者　羅勃特・T・清崎 (Robert T. Kiyosaki)
譯　　者　龍秀
審　　訂　MTS 翻譯團隊
編　　輯　蘇芳毓、陳柔含
封面設計　林政嘉
排　　版　賴姵均
企　　畫　鍾惠鈞

發 行 人　朱凱蕾
出　　版　英屬維京群島商高寶國際有限公司台灣分公司
　　　　　Global Group Holdings, Ltd.
地　　址　台北市內湖區洲子街 88 號 3 樓
網　　址　gobooks.com.tw
電　　話　（02）27992788
電　　郵　readers@gobooks.com.tw（讀者服務部）
傳　　真　出版部（02）27990909　行銷部（02）27993088
郵政劃撥　19394552
戶　　名　英屬維京群島商高寶國際有限公司台灣分公司
發　　行　希代多媒體書版股份有限公司 /Printed in Taiwan
初版日期　2001 年 5 月
二版日期　2011 年 4 月
三版日期　2017 年 1 月
四版日期　2023 年 1 月

Published by Plata Publishing, LLC
CASHFLOW, Rich Dad, and CASHFLOW Quadrant are registered trademarks of
CASHFLOW Technologies, Inc.
First Edition: 1998
First Plata Publishing Edition: August 2011
First Complex Chinese Edition: May 2001
Second Complex Chinese Edition: April 2011
Third Complex Chinese Edition: December 2016
Fourth Complex Chinese Edition: December 2022
This edition published by arrangement with Rich Dad Operating Company, LLC.

國家圖書館出版品預行編目（CIP）資料

富爸爸，有錢有理【25 週年紀念版】：掌握現金流象限，才能通往財富自由 / 羅勃特 .T. 清崎 (Robert T. Kiyosaki) 著；龍秀譯 . -- 四版 . -- 臺北市：英屬維京群島商高寶國際有限公司臺灣分公司，2023.01
　面；　公分 .--（RD025）

譯自：Rich dad's cashflow quadrant : rich dad's guide to financial freedom.

ISBN 978-986-506-606-2（平裝）

1.CST: 個人理財　2.CST: 投資

563　　111019713